今天，你幾歲？

永齡長春

[序]

序

活著，只為了美。

對我來說，「永齡長春」就是一種美。

當我在四十歲生日的時候，這個「永齡」的概念就發生了。當時很多的朋友都祝我「forever forty」——永遠的四十歲，哎呀！那麼說來，不就是挺有趣的嗎？

有一家店的英文名字叫做「forever twenty one（forever 21）」，我很喜歡去買他們家的東西，因為一見到店名，就給自己一種幻覺，彷彿我還在停留在二十一歲，哈哈哈！

其實，像我這種人，並不是一般的「普通人」，而是「醜人多作怪」的類型，以為自己「只要穿上forever 21，我就是twenty one」，這在平常人的眼裡，根本就是非常白痴的行為。

但是，在實際生活裡，這卻是非常激勵、有趣的事——當你有本事這樣幹的時候，可是十分的痛快呢！

forever 21 這種永遠青春的概念，老實說，當然是不可能的。一直多一歲、再一歲、又一歲，過了生日又繼續過生日，偏偏我又是特別愛慶祝生日的人……那麼，這樣慶祝來、慶祝去，生日辦了越多次，最後當然會發現：哎呀！自己年紀越來越老了，對不對？

我這麼告訴自己：年紀的數字，確實是越來越大了。但是，不一定要一直老化，不一定要一直退化，更不必要惡化下去呀，是不是？

「齡」，是「壽」的另一個代名詞。「長壽」，也就是一種「長齡」的概念，一直的活下去——重要的是活力，也就是希望永遠都有活力。

雖然，年齡數字一直往上增加，但態度還是要和年輕人一樣，保有持續上進的精神，一樣有種活著繼續創造的感覺。當你正值青春年華的時候，自然擁有年輕的美好，到了老年的時期，也要有熟齡的美妙。

長春，就是不管在什麼年齡都好、都美，一直保有生命的活力、不同的美感。所以，沒有辦法比較，沒有說這種年紀比較美、那種老了就比較不美，每個階段都有不一樣的呈現。因為「美」就是美，各種樣式的美，有各種年齡階段的美。而「永齡長春」最重要的，是在你目前的年齡階段追求到人生最美麗的境界，不管你年紀有多大，那個年齡就是有價值的。

至於美，就是一直保有生命的活力，有不同的感動，一直有張力的延續著，不斷展現出強韌的生命力。

記得有次在南投旅行的時候，見到一顆三百多年的芒果樹，竟然是那樣的健壯、那樣的結實，讓人萬分仰慕它的風采，簡直是美呆了。我靜靜的看著它，從非常近的距離凝視它，看到完全出神。這顆芒果神木在歲月中的鍛鍊，在無數風雨中屹立不搖，散發一種不可撼動的精神，讓我打從心裡覺得：「哇！好厲害喔！」真叫人心生敬佩，很想向它鞠躬。

有趣的是，每年都會有一大堆人，從不同鄉鎮跑來看它——當然，這些人的目的並不是來看神木的，他們覺得樹沒那麼好看，目的是來拿它生出來的芒果。這株神木可以生產一簍又一簍的果實，全部都掉在屋簷上、地板上，光是地上的果子就撿不完！大家都來撿一撿，還可以盡情吃個痛快。

我覺得，這神木可真是「神」啊！它不僅枝繁葉茂，靜靜地佇立著幾百年，還有本事繼續生產出這麼多的芒果給人們吃，那種老而彌堅的價值，實在讓人感動。它有一種自得其樂的感覺——不管你喜歡它也好，討厭也無所謂，反正它就待在那個地方繼續活著；看起來跟環境極度和諧，又有一股凜然的傲氣，你一見著它，就會被那種不向命運低頭的精神所折服。我相信它也應該為此感到極度驕傲。

那棵神木給了我很大的啟發。在它呈現的容貌之下，我看到了什麼叫「長春」，也明白了「永齡」的意義。我覺得，如果一個人老了也可以有這種模樣，散發出這樣的生命力，那也不必刻意回春啊！自然的在那邊，就是非常地優雅，經歷無數的春夏秋冬，看盡所有的日出日落，那個生命的存在，就給人一種「永齡長春」的感覺——你會知道這樣的幸福感，真正存在於世間。

一棵神木，竟然可以對這個世界有如此的貢獻；我想，我們人類也可以做到——至少，這是值得去追尋的目標與境界。

心橋顧問公司總裁　陳海倫

目錄

第一章　生命有所盡頭，進步永無止盡

第二章　你是真的那麼老？還是放棄保持年輕？

第四章 越老越有價值，是一種本事

第五章 「永齡長春」的關鍵秘密

[第一章]

生命有所盡頭，進步永無止盡

今天，你幾歲？

每個人的實際年齡，講出來是一個「數字」。這個數字，只是讓人知道你活在這個世界有多長的時間，並不能夠代表你目前真正的狀態。

或許，你常常會聽到有人這麼說：「你看，這個人看起來好像六十幾歲的樣子，其實他只有四十歲呢。」

「這位老先生說他已經八十歲了！我爺爺也一樣八十歲，怎麼跟他差這麼多呢？」

從你的身體、精神狀態，體態、樣貌，會讓別人有一種感覺，並不一定跟你的真實年齡相符。大部分的人，過了四、五十歲之後會顯出老態，這是因為一般人並沒有那麼注重養身以及養心，也就是本書提到「永齡長春」的概念。平常沒在保養，甚至連想都沒有在想這件事情，其實是很可惜的。

幫我做保養的資深美容師，常常這樣告訴我：以她從業幾十年的經驗，看到很多老年人其實非常的漂亮，尤其台灣人又愛保養；可惜的是他們放棄的太早。意思就是，這些人本來的身體素質很好，四十幾歲還是很好看，也很注重保養，但到了五十幾歲時就放棄了。

這些人的心裡常是這樣想的：「保養？算了吧，我老了！」所以，到底是真的有那麼老？還是你放棄讓自己保持年輕的機會？

一般來說，並不是真的「老」了。或許在數字上，年齡確實有些歲數，但你並沒有老到什麼都不能做，沒有老到看起來很難看。只要有再繼續保養，還是可以看起來很青春、很有活力。關鍵是：你放棄了，然後，整個樣子都不對了。

許多有點年紀的人，都會這樣說：「我現在老一點了。去買衣服，就選一些看起來寬鬆點的吧；顏色不要挑太鮮豔的。」

或者是告訴自己說：「都那麼老了，還在意什麼能不能吃？不要管它了，能吃就多吃一點，舒服就好啦！」

這些都是辯解，給自己不需要再漂亮，或是不需要再保持年輕的理由，說服自己老了，就應該呈現出「老」的樣子。

在社會裡，也會有一種思想上的「框框」限制，告訴你幾歲的人，看起來應該是什麼樣子。也有一些觀念非常有趣，像是年輕人的體脂要用什麼算法；但當年紀超過某個歲數，算法就要改變了——也就是說，科學可以幫助你調整，醫學幫助你修正。

不過，過於依賴高科技，而不是信任你對自己身心的感知，有時候也會給人錯誤的引導。

就好比說，你真的相信某位醫師告誡你，五十歲的人不應該去滑雪、七十歲的人應該這樣、應該那樣……醫師說的到底是否正確，不是這裡要討論的重點。重點是，在生活裡常有許多別人說的「應該」、「不應該」，處處影響著你的判斷跟決定，卻不是你自己去深度探索，對目前自身的狀態瞭若指掌，再去判斷這些事情到底是「應該」或「不應該」。

再拿「退休」這件事為例。

以前的人，年紀過六十歲就差不多要退休了。但目前邁入的高齡社會，又有不一樣的全新挑戰，退休已經不是年過六十歲的唯一選擇。很多人會說：「我才不要退休。」他會證明給你看，他的心肺功能、內臟狀態、體能、體態都很年輕，完全不輸給三十歲的年輕人。「退休」對這樣的人來說，就跟宣判坐牢沒什麼兩樣，好像

◎「永齡長春」最重要的，是在你目前的年齡階段，追求到人生最美麗的境界。

被貼上了「廢人」、「沒有價值」的標籤。

我認為，這很有趣。「永齡長春」是跟科學、醫學的挑戰——也就是說，我雖然明白自己已經到了這個年紀，但是，我的身體並不是你所說的這個狀態。我甚至可以跑得比年輕人快，我的產能也比年輕人好。

我記得有一部電影，主角的對手就是他的兒子，四十歲的主角要跟二十歲的年輕人對打。電影最後的結果要講的，是「薑還是老的辣」，但那畢竟只是電影的劇情。一般觀眾心裡會認為在真實的世界裡，似乎不太可能會發生這種事，所以看到這種結局，大家會覺得很感動、很澎湃、很不可思議。

然而，真的不會發生這種事嗎？當然是可能的。你看運動場上，有多少年輕選手打不贏老將？不見得年輕的選手就一定會贏，或是年輕的美女就一定比較漂亮。

我常參加探戈的比賽。有個朋友講過一句話，我覺得很有意思。他說：「跳探戈要選舞伴時，女人要老一點才好。」這句話有點像是說，橘子若沒成熟，摘下來就不夠香；柚子沒有放久一點就不夠甜之類的，很有趣。對於最佳發揮的時間點，跟一般人所認知的有落差，好像老了反而變得更有用，老了會變香、變甜、

水份會變多之類的。

「永齡長春」就是挑戰你，能不能老了還能夠繼續生產，發揮你的價值？這也是一個不錯的概念。

所以，並不是人家問你：「今年你幾歲？」講出了歲數之後，就決定了你的狀態。「永齡長春」並沒有「貴庚」的問題；而是你是否真正了解自己的實際狀況？

你平常有沒有保養身心健康？

你有沒有在意飲食習慣的調整？

你有沒有把自己調整到最佳狀態？

皮膚的狀態、內臟、血液的的各種指數，你都有在關心嗎？

健康領域中的「三高」：高血壓、高血糖與高血脂，在目前的社會中，已不再是老年人的專利了；現在很多年輕人也有三高的問題，不需要等到年紀大了，才特別去注重這些養身、養心的生活方式。本書接下來也會簡單帶到這些內容，主要目的就是要讓你明白：你真的老了嗎？你的年齡數字跟呈現出來給別人的感覺，是否有落差？

永齡長春提到的「年齡」，並不是一個從出生到現在加起來的數字，不是你活了幾年的概念。我們每個人都應該給自己一個教育，就是：我可以是幾歲，我可以擁有怎樣的狀態。這個觀念是非常健康的，讓你對自己的保養、自己的狀態負完全的責任，一方面也為自己的年齡狀態站台——因為每一個人的狀態，並不是固定的模樣。

你可能會聽到有人說：「她明明已經五十歲了，看起來只有三十歲，是個美魔女呢！」

「她好像比實際年齡還年輕喔！」

我們常會聽到這種閒話家常的評語。別人怎麼說，不重要；重要的是你是否明白自己想成為怎樣的狀態？至於你到底幾歲，並不是身分證上登記的歲數，你看起來的模樣跟實際的體力、精神狀態，完全是你可以主導的。

你想要看起來怎麼樣？

你想要給人的感覺，又是怎樣？

◎「永齡長春」這本書，獻給所有志同道合，「活著，只為了美」的生活藝術家們。

你可以早一點就去做保養工作，用本書提到結合身心靈的方式訓練，在養身的同時也養心，這跟你決定要呈現出幾歲的狀態，通通都有關係的。

追求「永齡長春」的過程裡，有一件事情有必要先提出來提醒讀者：每一個人都是不一樣的個體。

就算我們都做了相同的事情，結果並不會只有一種，也不一定會是「常態」——所謂的「常態」是個人的見解，個人的相信，也是個人的創造；這不是一種「應該怎樣」的認知，而是一個你希望自己如何可以變得更好的標準。

在本書裡，我們討論著極限突破，持續進步成長，在生活中不斷的努力。在永齡長春的哲學裡，「常態」是一種對自己的要求，心態上是一種享受，因為我們所做的事都是在提升自己的能力，創造出一個「越來越好」的可能性。

或許，在目前有限的時間裡，要達到某些你想要的目標，確實是有些困難。但在學習、在進步的過程中，探索過去你不曾了解過的自己，穿越那些難以跨越的障礙，把那些以前不會做、沒想過要做的事，變成另一種「正常」的情況，目的是勉勵自己更上一層樓，到達過去未曾觸及的境界。

在這本書當中，我常把自己經歷過的事情拿出來做為例子。這只是一種分享，沒有要談論這樣做到底是對還是錯，沒有要表現或是凸顯某件事情的正確性，沒有要求讀者們把我曾經做過的事情做為一個學習的範例。我只是以自己發生的情況，告訴大家有這樣的例子可以作為案例來討論。因為這本書是我個人的經驗，是我私人的觀點去跟大家探討「永齡長春」的議題。

我們所談論的內容並不是什麼科學研究，告訴你就非得這樣執行不可、非那樣不行……不是。每一個人的感受，每一次的學習，每個時間點的需求，都是獨一無二的。正因如此，我們非常特別尊重每個人的想法，也不談任何的對錯。我們不講醫學，也不談論科學，我們只是要用非常虔誠的一顆心，來探討研究「永齡長春」這件事。

◎ 若是想要讓自己保持最佳狀態，就不要憑藉著「習慣」或是個人喜好去做事，非常危險。

永齡長春的「心」

如果講到關於年齡的話題，你應該會聽到一些耳熟能詳的說法，像是保持年輕的心、心態轉變的問題之類的。這些說法的共同關鍵字，就是「心」。

簡單地說，心要保持最好的狀態——隨心所欲，心想事成；不斷創新，也活出超齡的青春，這樣的「心」將會帶來不一樣的美、不一樣的喜悅，也能讓自己極限突破。

我非常著重在「進步成長」的領域上，努力叮嚀自己不管到了什麼年紀，都要繼續前進著；不僅如此，我也用相同的態度跟身邊伙伴們分享，最近在某件事情上遇到什麼極限，然後再去想什麼法子突破它。這種「永齡」的美跟「長春」的喜悅，每一次的感覺幾乎都是全新的感受，就算走在同一條路上，每次都可以看到不一樣的角度——發現路人有不一樣的神采，見到環境有不一樣的風景；就算做的是同一件事，每次都會有不一樣的目的，永遠都有不一樣的心境。不管活到了幾歲，想要讓自己變得更美、變得更好、想要活得更快樂的那一顆「心」，永遠是最珍貴、最重要的。

講到這裡，讓我想到一個非常有趣的體驗：加勒比海的天空。

當你見過那片景色，心中不由自主地會發出：「哇～哇～哇……」的讚嘆，非常難用筆墨去形容，這絕不是用「萬花筒」三個字可就以描述清楚的。它是無止境的變化，每一刻都比之前所見的畫面更美、更亮麗，那種出乎意料的驚嘆，可以用來形容我追求永齡長春的「心」。

回想起那個時候，我坐在遊艇的椅子上，瞭望著那片一望無際的天空。碧海藍天的景像，簡直如置身仙境一般，讓人難以置信。一眼望去，天空無限延伸到地平線，直到見到海天一線相接之處，才把我拉回到現實世界裡。天空的變化非常出奇，幾乎不敢相信，這樣的景色會在現實環境裡出現。

我認為，如果你沒有親眼見過這景像，它根本是超越夢境裡面所能遇到的事——我只能盡我所能地描述當時心境的感覺。

藍天白雲，這是我們對於天空所習慣的畫面。但是，當有這麼一天，你看到那個畫面的呈現好像一條魚，沒頭、沒尾、沒身體，就只看到魚鱗片在空中閃閃發光。

又或者是，你見到一條魚只截了中間；有一條很漂亮的鱗線，它是橘色跟金黃色的。

有一天呢，你看到天空下雨了，灰灰的，雲彩一朵一朵的，你不曉得是什麼東西，就像一張立體的畫；它的顏色也沒辦法用我們所認知的色彩來形容，它有專屬於自己的一種獨特「色感」。

有些時候，夜晚的星空是一片黑幕，有碎鑽石鑲在上面，亮亮的，感覺就是一整個畫布都在閃耀著。

有些時候，那片天空還灑滿整片金黃色的染料，好像染料不要錢一樣。這種永遠都處在變化萬千的姿態，實在是無與倫比……加勒比海的天空，就是「永齡長春」的境界。它給我的感覺是不可捉摸的，因為根本沒有辦法看出它的年齡啊！你對它的感覺就是非常地漂亮，無限變化，永遠無止境。

如果是用人來比喻的話，你只要夠美，幾歲都不是問題。今天穿這樣的衣服，這樣的打扮，給人這樣的感覺……只要呈現的好，人們就不會問到年齡的問題，因為美就是美，就是充滿活力。那感覺就跟加勒比海的天空一樣，有無限的變化，隨時都在改變，讓所有人都能夠盡情地欣賞；那種亮麗，讓我直到今日仍驚嘆不已，

◎不管活到了幾歲，想讓自己變得更美、更好、更快樂的「心」，永遠最珍貴、最重要。

深刻的印象一直都在。這就是我對於「永齡長春」想要形容的心境。

對我來說，「永齡長春」比「逆齡回春」更實在，為什麼？

逆齡回春，確實是一個非常理想的狀態。但是，永齡長春卻得面對自己變老的現實，這個現實卻有著無限發展的空間——雖然我已經老了，我還可以怎麼樣活得更好？

結婚的人，要報上自己的年齡數字。講到永齡，老人家也一樣要報數。你的年紀是七十歲，還是八十八，九十二？還是五十四呢？這就是你要面對的一個數字。但是，你可以選擇老得有尊嚴，長壽得有價值，不退休地當個長青樹，不倦怠的繼續成長。即使生命有所盡頭，但進步可以永無止境，一直生生不息，不會因為年紀變老而沒有存在感，甚至可以找到前所未有的價值，發揮不一樣的生命力。這是多麼地享受，多麼的富足啊！

為永齡長春而奮鬥，為生命永恆創造奇蹟，這就是我想要形容，盡可能描述出來的——永齡長春的「心」。

歲數一直累加上去，用世俗的話來說，就是一直變老。但是，「永齡」並非一直老的那種感覺，不是一個生命終了，或是停止在某個年紀。至於「長春」，也並非全都是青春的模樣，它並須跟永齡一起，就算是歲數一直往上累加，仍承受得住生命的各種變化，永遠都保有青春美麗的心；那個長青的景色與氣息，是當你每向前走一步，都會顯得有所不同。那畫面就像是前面提到加勒比海千變萬化的天空，你不會去想它到底存在了多久，沒有什麼年齡的問題；你對它的印象，就是很美。

我覺得，我自己也有這樣的幻覺。很多人見著我，然後好奇地問：「你幾歲？」我所呈現的樣貌，跟對方所認知的年齡狀態並不符合，那種感覺是非常有意思的。這就是我想跟大家分享的，關於永齡長春的「心」。

◎「永齡」並非一直老的那種感覺，不是一個生命終了，或是停止在某個年紀。

「永齡長春」跟一般常聽見的「樂齡」有什麼不同？

「樂齡」主要是為了「活到老，學到老」。從字面上來看，你好像可以快樂的老去的那種感覺，是非常美好的。

我個人對於「永齡長春」的解釋，跟「樂齡」不會有任何的衝突，但也並非完全一樣，它是一個不一樣的名詞。活到老，學到老，已經是老生常談了。我認為，「永齡」並不代表一定要「長壽」——如何活得更久這件事，並不是本書主要探討的關鍵。可是，不管你活了多久，都必須能夠繼續成長下去。

至於「長春」呢？除了身心健康之外，那個生命所呈現出來的畫面，還必須「美麗」才行。所以，我認為「永齡長春」的概念是全然積極的，更多了一種藝術的價值及創造感。

我以一個「生活藝術家」的精神跟態度在過日子，天天都要求自己必須進步成長，這當中也會包含學習的概念。「樂齡」有它的意義跟價值，只是我沒有特別的研究，也沒有想要有任何的比較，在「永齡長春」的哲學上，我更著重在一個「藝術家」應該具備的精神——怎麼樣可以活得更美好，怎麼樣可以活得更健康。

學習，不只是學會一件事情而已。在「永齡長春」的過程裡，有一個你正在「雕琢」的藝術品，那個作品就是你自己。你必須很努力地在做一件事，而且非常積極在完成挑戰，你知道今天的自己跟昨天有什麼不一樣，目前的自己更健康、更自在、更舒服，更能享受人生的美好，且過得更幸福。

「永齡長春」更著重在精神領域上的探討，而且是會不斷地更新與探索。你會更加認真、專精地投入在目前你所做的這件事情。除此之外，不管你在做的這件事情為何，你都會非常地樂在其中，又深具挑戰。你不僅快樂，態度積極，而且又有建設性的活著。在自己不斷變老的過程裡，有屢屢創新的嘗試，有全新的見解，獲得嶄新的境界，也讓自己的生活不斷地拓展下去。

那種意象就像是一株神木，即使那麼大、那麼老了，還能夠一直生長下去，往上有新芽冒出，往下也能把根紮得更深，處處充滿新意，就像春夏秋冬，畫面多采多姿、千變萬化，不停地變換，永遠不會讓人覺得它會停下來的概念。

這是一個我賦予「永齡長春」這個詞，更深刻、更精確的一個定義。

◎「永齡長春」得面對自己變老的現實問題，卻有著無限發展的空間——雖然我已經老了，我還可以怎樣活得更好？

進步成長

我在演講時，常常會提到「極限突破」或是「進步成長」這兩個詞彙。一個人要得到快樂，一定要不斷地讓自己去學習跟進步成長，因為在這過程當中，只要你穿越了過去無法突破的極限，就會找到真正的快樂。一個人如果有持續在學習，而且真正地讓自己的狀況變好，不應該會過於擔心年紀增長的問題。

學習，不斷地讓自己變更好的這件事，是為生命帶來幸福的主要原因。這裡所提的進步成長，是指在生活中各方面的能力，包括了你的興趣、才華、交友、溝通各方面，全部都要有所突破。

如果不清楚進步成長的畫面，建議你去觀察一個孩子。他從小就會去學東西，去探討有什麼是可以懂更多的，只要知道自己比以前更進步了，他就會很開心。當嬰兒第一次能夠翻身的時候，你可知道，父母親的心裡有多高興嗎？當孩子站起來走出第一步，父母都感動得不得了。當孩子第一次開口叫媽媽，大家都非常的開心！全家族的人都等著小孩子自己學會上廁所，等著他自己會走路，等著他自己開口說話……你想想，到底是什麼讓大家感到那麼開心呢？

父母嘴邊總是說著，盼你快快長大——什麼叫長大？就是「進步成長」。

小孩子不斷地翻身，一直翻；跌下去，又站了起來。他到底在幹嘛？就是在練習，在學習；他做的事情，就是突破自己的極限。他好不容易學會走路，現在又開始爬樓梯，學會上樓梯之後，再學怎麼下樓梯。別以為這對嬰兒是很簡單的事，當他學會一個新動作的時候，父母都高興的不得了！

你看那一群媽媽們聚在一起，聊著帶小孩的經驗，不外乎都是：「我的小孩今天會爬了！」「盼了好幾個禮拜，今天終於見到他轉身囉。」

隨便一個看起來非常簡單、平凡無奇的小動作，都可以講到眉飛色舞，笑到停不下來。那你認為，這樣的小事情，到底有什麼快樂呢？

我認為，人生最偉大的快樂，就是學習裡頭所帶來的「進步成長」，而且這種喜悅是一輩子的。這種幸福快樂的感覺，就算長大了也是一樣，你可以去觀察不同的人，不同的身分，全都一樣。一個人只要有持續在進步成長，就算之前的表現不夠好，所有的人都可以忍耐你。只要你有本事進步成長到一個程度，大家最後還是會選擇接受你，甚至喜歡你，欣賞你。

我非常喜歡去學習我原本不會的事情，我也喜歡跟想要學習的人在一起。至於要學什麼？都好！只要一個人有他的專長，有屬於他自己的興趣，而且學習這件事，一定是要長期經營的。

很多人的學習經驗是這樣的：今天學電腦，明天學跳舞，後天學雕刻……雖然學的項目很多，但他的生活仍然沒有什麼變化。學的多並不是不好，興趣換來換去也不是不行。然而，當你去學習一樣東西，學的時間長短、夠不夠深入，跟你最後能夠得到的收穫與境界，真的是無法相提並論。

好比說，你今天去學了太極拳，當你學會了一個套路，跟你把這個套路持續練了十年，最後的心得是完全不一樣的。所以，我非常重視一個人學習的持久性，最好有志同道合的朋友一起討論彼此的經驗，從這些經驗當中不斷地做到「極限突破」，如此便能帶來很多的喜悅。

「進步成長」到底有什麼有趣？就是為了要「極限突破」。當你有在學習，從中極限突破，就會領悟到一些人生過去無法參透的事情。這也呼應了我常常講

◎「長青」的景色與氣息，是當你每向前走一步，都會顯得有所不同。

的一句話：「人生貴在了解」。有在持續進步成長的人，便會對人生越來越了解——最可貴的，就是「越來越」這三個字，帶來無窮幸福、無限快樂。它會不斷的帶給你泉湧般的樂趣。

如果你可以不斷的進步成長，長期努力學習東西，甚至有很多志同道合的朋友，約好一輩子都在這條路上持續地前進，這對「永齡長春」的主題將有莫大幫助。最後有沒有成為大師並不重要，但你的生活勢必會很有趣。在這個領域持續進步，一路拼到底，也因此達到「永齡」的境界，你做的事情可以超越你現在的年齡，無論你是幾歲。

至於「長春」，就是因為你一直可以越來越好，還保持著不一樣的風貌，後面還有新的體會、新的姿態，甚至還能延伸出不一樣的進步成長，這可相當不得了！

以我自己的實際經驗為例子。我是過了四十歲之後，才開始去學習跳探戈。過程當中，當然會遇許多瓶頸，包括體力、技術、受傷的問題等等，但我還是選擇一路跳下去，從來沒有放棄過。不管最後有沒有成為國際級的舞者，我都從探戈的領域得到極大收穫與領悟——對我來說，在探戈的世界裡面，我已經做到「永齡長春」了。

這裡頭最關鍵的重點，就是要一直「極限突破」。

這個「極限」並不是別人給的標準，而是不斷地超越你自己的天花板——如果沒有做到極限突破，就會變成是一種習慣，或者是「生活都是這樣」的常態，每天都重複一樣的形式，就沒有什麼意思了。如果你發現自己的生活變成這種模式，那就變成是「做工」，而不是在創造。

我們以老人家常常會做事情來說好了。要是永遠都做同樣的勞動，或是做一些例行工作，就算每天的行程再忙碌，可想而知，生活不會有那麼多的突破。像是每天都在種花、拔草、澆水，沒有什麼其他不同的變化，最後就會變成只是活動筋骨的事情而已。

當然，老人家種菜、澆花、養雞還是很好，好過什麼都沒做。我們討論的重點，並不是批評這些事情沒有意義。當你的年紀越來越大，體力跟精神不堪負荷的時候，就經營你能力範圍可以做的事情，這是無可厚非的。

以「永齡長春」的角度來看，我們需要做的是不管在哪個年齡，生活中都可以有更多的突破、更多的創新，做一些不同領域的交流，學一些不一樣的東西，做一些跟以前不一樣的小小挑戰，就會讓人非常的快樂，就會有更多精彩的事不斷發生；趁你的狀況還可以的時候，不要把生活變成公式。相反的，若有一天，你發現自己陷入一個千篇一律、永無止境的循環，生活就不會那麼精彩、那麼豐富。

進步成長有幾個方向。第一個，就是你要有一路拼到底的意志力，沒有走到目標，不隨便停下來。另外一個，就是不斷地「極限突破」——極限突破不是只有體力上，因為一般人會認為跑步就是要跑更快，要超越上次的秒數，這一回要少個幾秒之類的……極限突破，並不是侷限在這樣的事情上頭。

極限突破，就是你對於目前的表現即使已經非常滿意，或已經盡了全力，你還是會再去挑戰一個不一樣的目標，換一個不同的方向或角度切入，增加或減少質量、空間等等的可能性。在平常生活中，這些動作我都已經會做了，現在我要去挑戰一個新的動作，這是我以前不會的，這也算是極限突破的一種。

極限不見得只有體力上的範圍，在心智、領悟、變化上，甚至有些事情需要放得更慢、給出的空間更大，才算是做到極限突破。好比過去一直放心不下的事，

◎ 永齡長春要養生，也要養心。

現在你能夠放下了，那也算是一種挑戰。這樣的極限突破，會讓一個人非常快樂、有全新的生命力。你身上所擁有的每一項才華、興趣，甚至連交朋友、溝通的量與質，全都可以靠著學習而不斷的極限突破，這也是進步成長的最大價值。

學習過程所伴隨的幸福與快樂，需要個人自行體會。我個人對於這種感受是成痴成迷，非常著迷於進步成長，非常沉醉於學習。所以，我也常常鼓勵別人，要有一個你想要經營的事情，你要有興趣、想要去學，去了解、去突破。我們要進步成長，不斷學習人生所有會接觸到的領域，包括親子、婚姻、愛情、朋友各式各樣的關係，都會增加生活很多的樂趣。

我比較重視變化、不一樣的可能性，就以旅遊來說，我有個人的旅遊、跟丈夫的旅遊、跟員工的旅遊、跟不同家庭的旅遊，甚至跟很多不同領域朋友的旅遊……像這樣不同的組合，有越多的變化，生命就越精彩。永齡長春，就是要不斷的創新——創新本身就是非常有趣的事情。創新的程度越高，越是能夠讓自己保持長春。有了這個重要的元素，在經歷人生的任何階段，都要保有愉悅的心、舒適的感覺，以及快樂的意願。

為什麼一定要努力，或進步成長？

有許多人對於「努力」、「奮鬥」、「進步成長」這些詞彙，一聽到就覺得很囉唆、很麻煩、很討厭，甚至覺得何必要這樣虐待自己，自討苦吃？生活輕鬆自在就好，躺在沙發上看電視、打電動，最好什麼事都不要做最幸福，過著沒有壓力的生活，才是夢寐以求的。

如果你真的那麼喜歡沒壓力，沒事做才叫很快樂，耍廢的日子很開心，我覺得這樣的選擇也沒有不對。只是，我們這裡討論的重點是：為什麼要努力——這件事情是見仁見智。

我的觀點是：如果沒有努力，你到不了另外一個層次。到不了另一個層次，其實也沒關係，很多人一輩子也都是待在同一個地方，或是停留在同一個水準，一樣也活得很不錯。

那麼，上到了另一個層次，到底有什麼好？

如果用爬山來比喻，你可以看到不一樣的風景，這是「欲窮千里目，更上一層樓」的道理。然而，爬山永遠都爬到一樣的高度，不要再往上爬了，每次爬到半山腰就打道回府，似乎也沒什麼不好，對不對？很多人天天爬山，每次都是走一樣的路，都花一樣的時間，只要有去有回就覺得開心，這當然也沒什麼不對啊！他不需要去付出些什麼特別的努力，就是輕鬆地做這件事情，這樣的選擇也非常好。只要你覺得非常開心，你只想要做到這種程度，那也是你所選擇的人生。

我們要探討的重點是：當你到了人生的終點之前，問自己此生到底值不值？這個衡量的標準並不是賺了多少錢、有多少的名聲，或是家業夠不夠大……你要看的並不是這些，而是這輩子開心嗎？你真的快樂嗎？當你捫心自問，你敢跟自己大聲地說「不枉此生」嗎？

我喜歡去努力、進步成長，是因為這個選擇會大幅增加開心的程度。如果要你進步，卻沒有感到更開心，那當然就大可不必了。

但有一點你得知道：人生有很多種的快樂。一樣都是快樂，有分物質上的快樂與精神上的快樂。物質上的快樂是短暫的，就像你吃過美食、買到一個好東西、看了一場好電影等等；你很開心，但那樣的感覺並不會持續很久。

◎過於依賴高科技，而不是信任你對自己身心的感知，有時候也會給人錯誤的導向。

至於精神上的快樂，是一種能力的增加，是一種感知的提升，是一種「我知道我可以」的滿足感。比方說，你可以講出更有內涵的話、找到更多志同道合的好朋友，或是有本事做出更好的成績，像這種事情都需要花時間去訓練、去培養，必須在生活中不斷地進步，並不是一蹴可幾的事。

在原地踏步，還希望可以很快樂——我個人是不太相信有這樣的事情。學如逆水行舟，不進則退，人生也完全是一樣的道理。如果生活有變得更好，你就會感到快樂。若是沒有變得更好，千萬別以為你的努力，只要維持在過去的水平就行——不太可能。當你老了，努力的程度沒有辦法增加，後面只會活得更不好。

當然，如果你能夠長年維持腰圍二十六吋，這就是一種進步，這可是不得了的厲害，為什麼？因為一般人會隨著年紀越來越胖。你可知道，要維持二十六吋的腰身有多辛苦嗎？當你年紀到六十歲了，還有二十六吋的腰，這就不叫「維持」嘛！要是不付出努力，我才不相信你維持得了二十六吋。

但我們要講的重點，並不是你有幾吋的腰。千萬不要以為重點是「數字」——前面的例子只是個比喻，表示你目前的狀態非常不錯。當年紀越來越大，還想要維持年輕的狀態，你需要付出的努力，也要比年輕時更多才辦得到。如果進食狀態跟年輕時保持一樣，那你一定會胖的！

理論上來說，因為代謝、身體機能下降，你應該吃得比年輕時少，可是必須動得比年輕時多，才有辦法維持年輕時的體態，這是相當科學的計算——你有多少卡洛里，吃多少可以長多少肉？需要運動的量是多少，才能維持一樣的體重或腰圍？

切記，重點不是那些「數字」，而是不斷地研究及調整。

如果一個人天天都去爬山，爬了二十年，他每次都登上不同的峰頂、尋找更多的路徑，我認為這是很值得敬佩的。他為了爬山必須做出許多調整，要確認體力沒有退步，自己能夠做到什麼程度。要是你八十歲了，還可以做二十歲做的事情，那你幾乎已經成仙了。

為什麼一定要努力？從「永齡長春」的角度來說，年紀大了還要維持一樣的水準，得要付出非常大的努力。這個「努力」，就是「進步成長」的一部份。單從腰圍控管的角度來看，不管你是吃比較少，或是動得比較多，勢必都經歷許多

◎你到底是真的有那麼老？還是你放棄讓自己可以保持年輕的機會？

可歌可泣的過程。

我從以前年輕時，就是一個非常討厭運動的人。現在老了以後，為了保持身材、讓自己更有活力，目前我所做的運動量，都比年輕時還要多出許多，我覺得這是「永齡長春」裡相當困難的事。因為不管工作、講話、創作、交朋友，我都要挑戰自己不能比年輕的時候少；要維持一路拚到底的精神，就更需要讓自己有活力，有本事享受生活不斷變化的過程。這也是為什麼要「進步成長」的理由，這樣的努力和奮鬥，在「永齡長春」裡是極為關鍵的要素。

然而，只要是人，多多少少都會有些惰性，有時候就是不想做啊！只要當你這麼想之後，就回不到那條正軌上——有點像開車，如果你累了，把車開到休息站稍作歇息，要回到高速公路上還是很容易。不過，如果你選擇把車子開下交流道，在路邊找個旅館休息幾天，然後再把車開回去繼續趕路，整個差距就拉大了。

當然，也不是很不近人情地說，「進步成長」就是不停地往前衝，拼命趕路，完全不需要休息。回歸到最重要的部分：「進步成長」跟「努力」要到什麼程度，是靠你自己去規劃的。並不是大家都需要用一樣的模式，人生並不是比賽。要求你進步成長，是因為你會看到不一樣的風景，在進步成長的過程裡，你會感覺到自己更有生命力，你會覺得自己更健康、更有活力，更快樂也更有成就感。

努力，是為了讓未來變得更好。那個「更好」，到底有沒有價值？那個「價值」，就是你的幸福感、個人的成就感、閱歷生命的喜悅，而且會帶來前所未有的感動。

想像一下活著的畫面——你會希望越來越萎縮、越來越憔悴、越來越痛苦嗎？如果不想讓這種事發生，那你是否該去做些不同的改變呢？每當起床一睜開眼，生活的畫面越來越明亮，你對所有的也事情越來越明白，以前那些不是滋味的事，現在品味起來也越來越有味道，體會過去無法感受的感動，對生命的存在也會越來越虔誠——這種快樂的質感，是因為生活中一直進步成長跟一直努力，才有辦法堆疊上去的。

這是我所知道的一個方法，可以讓你去追求人生至高無上的快樂。我並不是強迫每個人都一定要這樣做，但是在生活裡的各種領域，這個元素能讓你繼續前進，對「永齡長春」是極為有效的動力。

◎「永齡長春」是跟科學、醫學挑戰——也就是說，我雖然明白自己已經到了這個年紀，但是，我的身體並不是你所說的這個狀態。

我的生活裡，總是在不同領域持續地進步。我不會要求自己做到好像快要喘不過氣，當然，在某些特殊的時刻，如果我想要逼迫自己做一些事，或許會有那麼一、兩次，但大部分的時間，我的練習、努力，其實都不是那麼地「強人所難」。

以運動來說，我從小就是不太運動的人，要是你叫我跑很遠，我也做不到。我能做的運動，大概都是幾分鐘、幾步路、幾次而已，就是這麼一點點，聽起來確實是很糟糕。但當我決定要做之後，就會一直持續地做下去，然後不斷地增加每次的成績。

上課對我來說也是一件苦差事。我有很多東西學不會，或是學得比別人慢，幾乎只要有上到課就可以了，複習的時候就做個一兩次。我不會不做，可是也不會拼命做，但就跟運動一樣，我會保持一直做下去，而且是一輩子都如此。

對我來說，這個「持續」、「不放棄」就是努力，就是一種進步成長。你不需要把它想成要多麼拼命，好像每天都要跑好幾公里，或是跟上回相比要有突破性的發展，弄得自己很緊張、壓力很大……如果你具備超越常人的優秀條件，固然很好；如果你不是這樣的人，也沒有必要擔心，因為「永齡長春」所強調的努力，並沒有要強迫你去做那些自己沒辦法做到的事情。然而，如果你年輕時有辦法做很多運動，現在你都完全不運動，這就是一個問題！因為你享受不到年輕時的樂趣。

或許，我們沒辦法做到像年輕時的水準，但還是可以一直努力、進步成長，做一些跟年輕時不一樣的事，你不會比年輕的時候更糟糕，反而會轉換到另外一個心境。只要選擇繼續走下去，你會見到一山之後還有另一山，就算走得慢了些，沒關係！山外有山，天外有天，你會看到不一樣的風景，這就是生活當中無限的樂趣！

◎「永齡長春」就是挑戰你，老了是否還是能夠繼續生產，發揮你的價值？

那些會限制自己人生的「框框」，究竟從何而來？又該怎麼去處理它？

那些會限制你的事，或是你把它稱為人生的「框框」，都是從過去的教育學來的，這當中還有個人的懶惰，換句話說，也是自己造就的問題。

不過，這些都不是那麼重要。處理它的方法，也非常簡單。

如果你想要掙脫一個手銬，或是想要從某個地方逃走，不想要讓這些東西綁架，或是你覺得這些事情不合理，有各種形式的限制，那你就一定會想方法，看看自己的方向要往哪兒去？確定之後，你會採取行動，會前進，會突破。這就是歷史上文明的進展。

你會看到很多的抗爭、改革，甚至手段較激烈革命或反叛。那些持有反對意見的人也不一定是對或錯，但你可以看到，為什麼會有遊行？為什麼會有暴力衝突？會有一些吵架，要訴訟，或是要爭取權利等等這些，都是因為有所謂的「框框」需要去處理。至於處理的方法，當然是很多種。

我們不是講到政治，或是人類那些不文明的狀態，而是講到人生的「框框」。從學習的角度來看，首要之事就是「確認方向」，明白自己要去哪裡，後面再來談要怎樣行動。在前進的過程裡，怎樣會有更好的方法？這不會出現一個絕對的答案，而是一個具有比較性質的生存選擇；也就是說，在生活裡，你怎麼樣做可以讓自己更舒服，更自在。

譬如在打球的時候，當你拿到了球，很多對手會上前圍住你，他們要限制你的行動，讓你無法得分。你該怎樣去突破重圍？你的技術能夠應付目前的困境嗎？你有辦法跟夥伴合作嗎？若換成生活的角度，譬如今天要辦戶外展覽，但天公不作美，剛好下雨了，你要怎樣去克服這些問題？

人類是萬物之靈。為了生存的更好，我們會想出各種辦法。為了不受毒蛇猛獸的侵襲，我們會去蓋房子。為了不受天候影響生活品質，我們會利用空調設備保暖或降溫，所以會有很多相關的發明。這就是我們怎樣在生活的「框框」裡去想辦法。

人生有些事情，並不是一、兩天馬上就可以處理好。然而，隨著生活的經驗、個人興趣還有智慧增長，就會越來越有辦法。這也要看個人的態度與格局，還有平常是否有足夠的練習，這是進步成長的過程。一個在生活裡不斷的行動、前進的人，

◎每個人都應該教育自己：我可以是幾歲，我可以擁有怎樣的狀態。

就會想出辦法來。

這當中還會有一個差別，就是「有練功」跟「沒練功」。有經驗的人就會知道，這個方法行不通，還可以用什麼方式去處理、沒經驗的人遇到問題，不知道下一步還可以怎麼走，是一樣的意思。為什麼「一日一紙」的進步是值得的？就是書到用時方恨少，平時不練功，遇到需要的時候就一定來不及。

所以，平常的時候要儲備能量，要先未雨綢繆，要不斷地「進步成長」——但這並不是一個壓力，而是一個樂趣，而是一個活著最大的享受。

年紀大了，對許多事已經見怪不怪。要如何重燃對這個世界的好奇心，探索更多領域？

與其說是「好奇心」，不如說是「進步成長」的心。

想要探索的那顆心，不一定是好奇心，你就是非常想要進步，希望自己能夠成長，就會去探索更多的領域。但如果只是為了好奇，倒不是人生最重要的生存元素。

好奇不好奇，我覺得沒有那麼重要。但是，你有沒有想要進步成長？那是非常重要的。要是你沒有進步成長的心，你要去探索，就不會那麼的有趣，因為我們已經不是小孩子，看個青蛙就覺得好有趣，抓青蛙可以抓一個下午。這是小孩子會幹的事，他什麼事都很好奇，是因為對這個世界不夠了解。

然而，這也不是一個「見怪不怪」的問題，因為世界上有太多可以探索的領域，要講領域，你這輩子根本就探索不完；所以，這跟好奇心沒有什麼關係。

有很多人，即使年紀一大把了還是孤陋寡聞，根本什麼都不懂，見什麼都覺得怪；但是他並沒什麼想要了解的那顆心，他沒有探索的欲望，他沒有想要增長見識，沒有要去拓展更多領域，所以就會停頓在那個地方。與其說他是沒有好奇心，應該是說，他根本對「了解」這件事沒有任何興趣。

我覺得，你會想要知道更多東西，不是只有好奇心，而是一個你有沒有想要了解，你有沒有目標，有沒有想去探索、研究的心。如果這幾樣你都沒有，那自然也不會有什麼好奇心，也不可能會見怪不怪了。

關於探索，比較關鍵的是：你的人生有沒有想要進展，學習其他的東西？這是一直在「進步成長」的心。我一輩子都在提倡這件事。

我非常確信：進步成長是快樂的泉源。如果你沒有要進步成長，生命就是停頓的。你每天做的，就是吃喝拉撒睡，沒有什麼興趣，日子過得千篇一律，因為每天的食衣住行都是差不多的，沒有那麼多的變化。穿衣服，就穿那幾件，睡覺就睡那張床，吃的就是那些菜，到底能夠吃多少山珍海味？那你說要環遊世界，世界就是這麼大。那還有什麼東西是有趣的呢？

物質上的東西，其實都很簡單，久了，你就沒興趣了。日子想要有趣，就是當你跨入不同的領域，想了解從未接觸過的領域，就會非常有趣。

◎心想要往前走，身體得跟上，而且腦可以操作，這樣的狀態就是我們所講的「結合」。

除了不同領域之外，就是你的目標。譬如說，你活在世上想做的事情是什麼？你有什麼東西想要完成？你有多少的知識、體力、意願，可以去完成這個目標？這個條件很重要。有了目標以後，你就有辦法去探索其他領域，就會願意去學習。

進步成長，也是一個人在生命裡的修為。就像有些人很喜歡看書，知道現在發生什麼事情，有興趣，就會不斷去學習探討，延伸那些尚未知曉的領域，並不一定要見怪不怪或是好奇。

只要你有一個想要繼續延伸、達到某個目標，繼續跟著時代往前走，就會不停的探索，產生有趣的事情。而不是年紀大了什麼都不管，什麼都不做，日子就跟等死沒什麼兩樣啦！講得更直白一點，就是活著沒什麼意思了，那就只能死掉了，反正也沒什麼未來。

我們在做這些探索跟想要知道某個領域，都是為了一個「目標」，那個目標是設定在未來。只要有未來，人就有活下去的理由；如果你沒有未來，你所想的永遠都是過去，那就幾乎是在等死，你漸漸對身邊所有發生的事都沒興趣，那就是接近死亡的現象。

所以，我們只要還有一口氣在，便要不斷的設定目標，不斷的繼續下去，繼續努力。

◎如果生活中「身心靈」三者常常無法結合，不管什麼事情，都不可能做到極致。

[第二章]

你是真的那麼老？還是放棄保持年輕？

養身、養心，相由心生

「養身」——這裡講的身，是身體的部分。你要把身體養得怎麼樣？有一點像是養植物的概念。我記得在澳門的時候，去看人養樹。他們把樹莖與樹根弄成一個「壽」字，或是把它盤成某種形狀。植物可以把它養成這樣，身體也是一樣。

我記得有部電影描述過，賭神的手要怎樣保持細膩敏感。內容是他每天都要用手去浸泡牛奶，不可以摸粗糙的東西，只為了增加手感的靈敏度。我也聽過有些調理大師為了讓技巧更上一層樓，為了要用手指把脈或下針更精確，他們的手指必須保持極高的纖細敏銳度，或是跟病人接觸不會讓自己受傷，就需要去做特別的保養。類似這種各式各樣的強化方式，就是所謂的「養身」，要讓自己可以更靈活，呈現自己想要的狀態。

至於「養心」，是心頭不能有雜念，不會存在一些汙穢的東西，或是沒有邪惡的念頭。一般人常會講：「相由心生」，一個人的心裡那樣想，他的面相就會長成那個樣子。

我們常常看到一些化粧前、後的對比照片。還沒化妝前的狀態很醜，化妝之後變得很漂亮，但那個跟「心」比較沒有關係，關鍵是化粧技術。我們也會看到一些人的樣貌，跟以前的長相很不一樣，彷彿是化粧前後的巨大差別。或許他的面貌輪廓沒什麼改變，也沒有化粧，但整個面色、氣質、精神都完全不同，開心的程度不一樣，健康的狀態也不一樣，好像變成另外一個人似的。

這個人改變的，不完全是他的身體；最關鍵的是他的「心」跟以前不一樣了。永齡長春所講的「相由心生」，就是當自己老了，有沒有變得比較有智慧，或是非常莊嚴，或是慈眉善目，這些都是非常值得去修的方向。不靠化粧或整形，你該怎樣讓自己的長相變得比以前更好？就像前面提到的那個樹根，要怎麼盤、怎樣斜置，或是讓它長成某種樣子，是需要刻意去培育、修整跟雕塑，要很有耐心的拗來拗去。

在養心的過程，就是要改變自己的思維，思考怎麼樣提升格局？怎麼樣讓自己呈現出更多的感動、喜悅、慈愛之心，或者是具備同情、憐憫之心？這些全都會寫在臉上的。要做這樣的功課之前，有一個很重要的方向。你得先問自己：你想要看

◎在生活裡該培養的那些基本功，慢慢來，把它紮實地做好，所有的事情一開始都是急不得的。

起來怎樣？你想給別人的感覺是怎麼樣？當你搞清楚這兩個問題以後，就會有一個明確方向去努力。

譬如說，你希望自己老了之後，要呈現出慈祥和藹的面容，那你至少得先改一下那個暴烈的脾氣——要怎麼去看待那些沒辦法忍受的事？

怎麼去面對那些你厭惡的人？

當有不順心的事，你可以怎麼表達？

你希望自己的面容慈祥和藹，要做哪些事情才符合你的個人特質？這些都是要計劃的！從年輕的時候，就應該對未來有如此的展望。

以我自己為例，我常常躺在床上的時候，就在想這件事情：既然在養身，身體應該是怎麼樣的狀態呢？就是用想的，很容易。我可以把自己的大腿想得更細、更修長，或是想像自己的腰再少兩吋，反正「想」不需要花錢嘛！你想要看起來怎麼樣、感覺怎麼樣，就去模擬那個想法、那個感覺，在模擬的過程，就會同時做到「養身」與「養心」兩者——我們後面的內容會提到，腦、身體、心三方都需要結合。當你結合三者之後，再轉化成自己的面相，這個練習非常有趣。

國立教育廣播電台
National Education Radio

我在「永齡長春」的練習是這樣的。我會問自己：「你希望今天看起來幾歲？」決定了之後，就把自己變成那樣——當然，七十歲的人不可能看起來像十七歲，不過，你可以「模擬」想像，然後檢查自己看起來怎麼樣？感覺如何？我每次都有不同的發現。有時候會成功，有時候失敗，那也沒什麼奇怪的，成敗本來就是常事，我們就把它當成一種進步成長，一種極限突破的概念。要是我今天想要讓別人看起來像是個十七歲的女生，那我就給自己穿著打扮的像個十七歲的人，盡量從身體、心靈上模擬到最接近的狀態，然後讓自己「相由心生」。

很多時候我感到很得意，因為我會遇到某人，對我說：「喔！天啊……你今天看起來怎麼像個高中生？」

其實，就只是「醜人多作怪」罷了。

這當中的樂趣，我很難跟別人形容。在生活裡不斷的挑戰自己，有無限的樂趣，跟年輕人在一起時，我也很喜歡挑戰他們，同時也讓他們有機會可以挑戰我，我認為這樣很有意思。兩個不同年紀、不同層次的生命之間互相搏鬥，也是一個交流、進步成長的機會。

像我所練習的跳舞圈子裡頭，是沒有分年齡的，你要會跳就行了。年輕的會找老的舞伴跳，老的也會找年輕的人跳。有些人喜歡，也有些人不能接受，這都無所謂嘛！大家就是互相切磋、琢磨，要是年輕人比較厲害，那就跟年輕人多多學習。

我身邊有很多領域的老師，都是非常年輕的。我一開始拜師時，就是在他們二十歲的時候，學了十幾年。他們現在也有一點點年紀了，三十幾歲，還不算太老。跟年輕的師父學習，很刺激，許多節奏跟思維都跟年紀大的老師父不同，我自己非常喜歡。

當然，也有很多老師年紀比我大，甚至很老的。不管年輕或年長的老師，他們都有東西值得我去學習，生命就是這樣不斷地攪和。有點像在煮佛跳牆，有的東西要煮久一點、有的東西要煮很快，有些要過油，有些要先炒起來放，有些要先滷過，不是每樣都丟進鍋裡燉到爛，這樣就失去了層次感。

人的一生裡，最好是各種世代的人都能一起相處，就好比五代同堂，那畫面多麼幸福，對不對？五代同堂如果沒有老人存在，就沒有那個價值。今天，你想要成

◎若你做某件事情只是出自於習慣性地去做，完全沒經過你的思維，就會像個機器人在過生活。

為五代同堂裡頭那位有價值的老人，就好比一鍋牛骨湯的湯底要到位，要是湯底的味道不對，即使放的料再好，也失去了牛骨湯真正的精髓。

你去看戲，也一定會有「老」的角色。要不然，為什麼演戲的時候，一定要找一個有經驗的老演員去演太上皇，演一個久經戰陣的老將軍，或是歷經人情冷暖的退休者？要是那位演員看起來太年輕，一看就是沒什麼說服力。沒有那個老演員在，戲就不夠重，味道和層次全然都不一樣。

所以，只要你的歷練夠多，經驗夠豐富，越「老」是越有價值的。

養身、養心，重點不在於你多老，也不是年齡報數裡的七字頭、八字頭、九字頭。我認為，重點是你是否能夠呈現出不同年齡的「活靈活現」，因為人生需要有很多種層次、很多種年齡的經驗。在「永齡長春」裡，就是要把自己變得如此活躍——你可以老，也可以年輕！今天你想要幾歲？那你今天就是幾歲的人！這樣的人生多麼地有彈性，多麼地有趣啊！不管你演哪一個角色，都可以把他扮演的很好，發揮到你的極致。

我記得年輕時看了張艾嘉的電影。她演出一個角色，從年輕演到老，年輕時有年輕的樣子，年老的時候有老人的面容；最妙的是，無論她飾演年輕或年老的角色，各有各的美感，各有各的風華；回眸一笑，真是讓人難以忘懷！老的時候，面容所呈現的慈悲、修養及胸懷，就是所謂的「相由心生」。

在我自己的生活圈裡，我常常說，如果我不開口，比較看不出年齡。要是我開口了，年齡就洩漏了。但沒有關係，反正不管幾歲，到最後都不會是秘密，重點是你想變成什麼樣子。老阿嬷不一定不可愛，老阿公也沒有不能撒嬌，就看你多有本事。你活到八、九十歲了，不一定要看起來死氣沉沉，還是可以讓自己看起來很年輕，可以活蹦亂跳，老當益壯。

我看過很多年紀大的舞者，他們上場精采的表演，會讓所有的人為之動容。你一見到他翩翩起舞，那份從容優雅的模樣，就值回票價了。讓我印象最深刻的，就是一對阿根廷的舞者，他們兩位應該都超過七十歲。他們在場上靈活的身段，可以像年輕人那樣滾翻，要是不知道他的年齡，你真的還以為他們是十七歲的年輕人。他還能這樣跳，全身放鬆的狀態，彷彿就像是舞動的精靈一般，那畫面實在太美好，

◎「永齡」的概念就是一直創造，不只是單單活著而已，還必須不斷地延展。

讓人不禁連連讚嘆。

我們應該往這方向去養身、養心。先不談到細節跟技巧，就先從「相由心生」開始問自己：你想要看起來如何？你想要的感覺是什麼？這將會是你走在「永齡長春」這條路上，必須問自己的一個生命大哉問。

面對跨世代共事，當主管比自己年輕，要如何調適心態？

我自己在很多領域上所找的老師，或是很多的上級主管，年紀都比我輕。我覺得這樣好得很，就是跟年輕的人學習。

感覺上，會問這個問題的人，似乎是拉不下臉，好像你年紀比較大，就一定要高高在上，你一定要倚老賣老，或是你覺得自己比人家年紀大，就應該要比人家強……我覺得，這些東西跟年紀並沒有關係嘛！正所謂「聞道有先後，術業有專攻」，人與人之間不能以年齡的大小來評判學識的高低；只要這個人有你所不會的學問，他就可以成為你的老師。

不管是比武，比專業技術，或是比才華，都不一定是年紀大的人會贏。所以，你應該有那個肚量，應該跟人家合作，聽聽對方說什麼；要是聽不懂，可以學習如何跟對方進一步溝通。這沒什麼輸贏，沒什麼需要去在乎面子的問題，年輕人懂的不一定比我們少，應該多跟年輕人在一起，謙卑一點，跟人家學。

我現在就跟孫子們學。爲什麼？因為他們講的很多事情，我都不知道啊！所以，我常跟他們講：「Hellen 奶奶不會啊！你們嘲笑我幹嘛呢？」不會就不會，也沒什麼好嘲笑的。你叫他教你，他就會教你嘛！

面對比自己年輕的上位領導者，你應該要感到很快樂，畢竟英雄出少年，江山代有才人出。他在這個領域比較厲害，你就聽他的，心態上要能夠適應。如果你覺得自己比較老，一定比較厲害，這樣的心態會給自己很多不必要的壓力，不需要過度在乎年齡跟專業一定要成正比，年齡不代表任何事情。雖然我們都希望可以「永齡長春」，可以跟年輕人一樣有活力，但在這個方向，並沒有要跟年輕人互別苗頭的味道啦！

假設你在職場上，原本是個呼風喚雨的人物。今天你遇到一個後起之秀，表現比你還要出色，你的心態會是怎樣？這世界本來就是「後浪推前浪」，重點是，你要不要死在沙灘上？那就看你自己怎麼想。

你的表現不如年輕人？就老實承認，確實不如他嘛！又有什麼關係呢？像很多新科技的玩意兒，年輕人都比較厲害。你沒有人家厲害，也不是什麼丟臉的事啊！如果你覺得自己年紀比較大，就不願意聽從年輕上級領導者的指令，好像占著茅坑

◎「永齡長春」必須要了解能量的流動。

不拉屎，處處跟人過不去，人家反而覺得你這個傢伙極度討人厭。

我有個朋友年紀比較大，他在擅長的專業領域非常活躍。他常常講：「既然老了，就要盡量的可愛、活潑。比人家多服務一些，比人家有智慧一點；要不然，年輕人也不服你。」

既然你還想要多貢獻一點，就得學習跟這些年輕人一起合作，用真誠、服務買他們的心。不然，人家看你一大把年紀，又笨又討人厭，不是更慘嘛？

要是你有本事好好跟年輕人相處，人家還會給你一點空間，而且對你多少會敬老尊賢。要是你很在意能力比不過人家，我覺得這真的得要認了。畢竟每個人得道之時不一樣，不是年輕的就比較笨，年紀大的就一定要比較能幹，沒什麼好去斤斤計較。尤其職場上，能不能拿下領導職，通常跟年紀沒什麼關係，主要關鍵還是「能力」。

所以，你自己要有自知之明，不要去爭這些東西，太無聊了。

訓練：腦、身體、心的結合

不管是鍛鍊身體或是鍛鍊腦，回到「永齡長春」的概念，就必須在任何時間點，把「腦」、「身體」跟「心」三者結合在一起。不僅成人要這麼做，即使小孩子的訓練，也是一樣。所有的練習，都應該要先經過「腦」，尤其是身體的部分。

為什麼要這樣子呢？因為沒有經過思考所做出來的東西，是不能受到控制的，它並不在你的控制範圍裏。

我們做任何的事情如果沒經過腦，好比身體無意識的在動，或是只有局部在動作，跟腦並不銜接，最後是會出問題的。有些健身的人，在跑步機上一邊跑，一邊看著跟訓練內容毫不相干的影片，身體只是像機器一樣在執行跑步的指令，其實這樣訓練的效果是很有限的。

不管是養身、修護或者調理，這些動作到了最後，都要跟你的腦接回來。就算要改變運作時，也是要先從改腦開始做起，這樣才能真正得到控制。如果不經過腦，不管做什麼動作都沒有多大的效用，或者不健全，與整體連結是有落差的。

◎不管是什麼習慣，只要落入一個「公式」的模式，就是不好。

舉個生活的例子：煮飯。把食材切來切去、挑來挑去，可是卻沒去思考哪些食材必須在切過之後馬上下鍋，沒有執行熱鍋的動作，只是在那邊像機器般地切菜，當然，就沒辦法把菜煮好。

到底該先執行什麼，後面接著要做什麼，該怎麼做才會最符合現況？所有要跟環境人事物接線的概念，全都要經過「腦」。

腦要連結的不只身體，還要跟「心」結合。這到底有什麼差別呢？

講到「腦」跟「身體」的連結，就是比較物質層面的方向，身體每部分的動作都要經過腦袋，包括細胞、筋膜、筋骨、脊髓，所有的狀態、動作，有沒有達到腦部與全身連結的概念。

至於「心」，就是你想要成為怎樣的狀態。那是偏向精神上的感覺，若換一個比較容易接受的形容方式，就是做了這個動作，感覺舒不舒服？有沒有覺得身體的某部位卡住了，心裡也會卡卡的？這就表示，我是打從心裡拒絕做這個動作；或者我就是覺得怪怪的，不舒服，這些都是情緒跟心靈上的問題。

那麼，什麼又叫做「腦」跟「心」的結合呢？簡單地說，就是要有一致的共識

——心想要往前走，身體得跟上，而且腦可以操作，這樣的狀態就是我們所講的「結合」。

以打籃球或是跳舞來做比喻。如果腦跟身體沒辦法結合，呈現的樣子就會是「來不及」的感覺；或者明明動作已經做出來了，但最後的效果並不是你要的。有些動作，你可能有辦法做出來，腦跟身體都可以做到，但是你的「心」卻不希望這樣——就像你明明知道自己可以贏，但心裡卻想要放水，或許，同樣都是盡力在表現，感覺就是很不一樣。

所以，為什麼有些時候，你的「腦」可以策畫要怎麼執行，但是「心」卻可以決定輸贏，可以決定感覺的方向？這些都是「結合」跟「不結合」的差異。

「腦」、「身體」跟「心」三方的結合，就是我們講的「身心靈」，必須要一起都訓練，能夠互相結合，這是一種非常重要的基礎。

我們小時候跳芭蕾舞，老師會叫你把腳伸出去，放回來；伸出去，放回來……把身體練成自動就會這樣做。可是，腦會很清楚地知道，如果你要用這個姿勢時，

◎永齡長春講求不斷的「創意」，就是要你能夠隨著自己目前的狀態，進而去調整、改變成最適合的生存方式。

會使用到哪條神經，或是旋轉的時候應該要注意什麼，腳型要變成怎樣，這些資訊全都經過腦部的計算。

然而，最後的「心」呢？心會告訴你，你有沒有跟著音樂的韻律，有沒有自在地呈現？有沒有表達出屬於自己的感覺？從一些表情、肢體、動作上的細微表現，加上自己各種感知與心得，這些都是可以觀察出來的，都是非常細膩的地方。

你或許會問：「為什麼有人可以察覺，有的人就辦不到？」這些就要看你平常身心靈結合的練習功夫，夠不夠徹底。

譬如說，在打籃球的時候，你的身體在運球，可是你的眼睛會瞻前顧後，嘴還可以喊來喊去，同時跟隊友打氣，又跟敵手噴滿口的垃圾話，這些都是在運用身心靈的「結合」。那麼，當你能控制的程度越高，結合的效率就越好；當你的功夫練到家了，它呈現出來的準確度、回饋的舒適感，都是非常美麗的事。

我最近做了很多的走路訓練。以前走路，是身體有在走，但是沒在動腦——什麼意思呢？更專業的講法就是：我以前走路的姿勢是錯的。

不要以為多走路就應該會更健康。如果姿勢錯誤，只會越走越慘，可能走一走就腳痛，走一走就腰痛，再走下去就變成肩膀痛。為什麼會這樣？就是在走路的時候，身體跟腦、心的連結度不夠高，或者是穿了高跟鞋，勉強使用某個部位的肌肉出力，但是身體不舒服。

如果過份勉強做了不舒適的動作，也會影響到表情。表面上似乎笑笑的，但只能算是強顏歡笑，擠出來的笑容反而會讓皺紋變多。意思就是，這些事情其實是不必要發生的，是因為身心靈沒有結合，創造了身體的不舒服；這些不舒服的能量累積下來，就會造成肌肉緊繃、組織瘀血，或是無法代謝，嚴重一點甚至會得癌症。

至於你的「腦」，它不喜歡那個動作，或是沒辦法控制某個動作，因為身體跟腦脫節了。不管是腦、身體或是心，每個部位都有它特別想要強調的地方。

譬如「心」特別想要做某種動作——你可能遇到某個心儀的對象，很希望朝著對方笑一下，偏偏身體累到有點笑不出來，那就只能勉強笑一下，又覺得很有壓力，似乎大好機會就這樣溜走了，而你的腦就沒有在思考，到底這時候該不該笑，或是該怎麼笑會比較好。

◎錯誤的「累積」，對永齡長春的概念是一件殺傷力極大、相當可怕的事情。

有些時候，你站在台上演講，手有在做一些動作，但你卻沒有意識它到底是怎麼擺動的；所以觀眾看到你有在動，但整個看起來就是怪怪的，因為這個動作並沒有經過腦。

也有些時候，你的腦袋動很快，一下想著這個又想著那個，可是身體該做的動作，通通都做不出來。那最後能夠呈現的方式，就會變成用嘴巴講——這就是人家嘲諷時說的，有人是「打得一嘴好球」，跳舞也用嘴巴跳，就是他用命令的方式，講動作的名字，但沒人聽得懂他要做什麼；就算聽得懂，真的要他去做，也做不出來。這就是腦、身體、心，明顯不能結合的狀態。

你可以仔細去觀察。一個優秀的舞者，真正懂得表演的演員，或是那些頂尖的運動員，他們的身心靈狀態，也就是腦、身體跟心的結合，絕對是一起的。如果生活中「身心靈」三者常常無法結合，不管什麼事情，都不可能做到極致；如果不能真正做到合而為一的訓練，問題就會很嚴重！

從「永齡長春」的角度來說，在生活裡該培養的那些基本功，慢慢來，把它紮實地做好，所有的事情一開始都是急不得的。一旦急了，很多該注意的事情就跳過去了，你忽略了自己的心到底開不開心，忽略了自己的腦到底有沒有在思考，甚至連自己身體的反應也跳過去了，後面的效果當然就不會好。

你一定要確定，每個步驟都是自己想過的。若你做某件事情只是出自於習慣性地去做，完全沒經過你的思維，就會像個機器人在過生活；延伸到人生裡，就會買了一個不是你要的東西，選了一個不是你要的職業，結了一個不是你想要的婚，結果當然會出問題。

這種身心靈結合的練習，不管你學什麼、做什麼事情，在人生的任何時間點，都需要不斷地培養跟訓練，是絕對不可以跳過的關鍵操作，這將會重大的影響「永齡長春」的品質。身心靈若沒經過這樣的結合訓練，不管你怎麼去經營那些延年益壽、青春永駐的計畫活動，最後出來的成果，就是會略差一籌。

我已經將永齡長春最大的秘密之一告訴你了。這不僅對你，或是對周遭環境接觸的人事物都非常有幫助，而且，當你經過這樣的訓練之後，會覺得人生過得很有成就感。

◎ 永齡長春的「變」，並不是為變而變。

健康、外貌

從一個人的外貌，大致可以看得出健康的狀態。當然，能觀察到多少，也關係著各人的修養、水準以及專業程度。

會看的人，可以從枝微末節看得非常深入。一個人的皮膚、姿勢、樣子、神情，內在與外在密切相關，肉體跟精神也有所連結。也就是說，我們平常在做的一些保養，需要去思考當中的關聯性，怎樣在保養健康的同時，也照顧到自己的外觀；在照顧外觀的時候，也同時關照到自己的健康。

運動，也是完全一樣的道理。許多人選擇運動的目的是為了健康，或是讓自己有更好的身材。不過，運動到底能不能讓自己變得比較健康，或是帶來好身材呢？這就要看你選擇怎麼個「動」法。如果弄錯了方式，其實，運動並不會為你帶來更好的狀態，反而會造成傷害。

生活中常常會需要用腦的機會，這會幫助氣質、修養的轉化。腦，也是非常需要保養的重要部位，但一般人卻很容易忽略它，讓腦過度思考，過度緊繃，又學不會正確的放鬆，造成腦壓過高，思考變得遲緩，判斷失焦，做出錯誤的決定。

一旦腦無法做出正確的判斷，該處理的沒去處理，不該處理的卻浪費時間去搞它，生活當然就會陷入一團混亂，嚴重影響健康。

一個人要有足夠的內涵，除了讀書之外，也得在生活中經歷那些反反覆覆、輸輸贏贏、跌跌撞撞的過程，不斷地研究、學習並獲取經驗，就會有不一樣的境界。所以，工作在一個人的生命中，占了舉足輕重的位置。你會花很多的時間在你選擇的工作上，這也會影響到你的外貌，影響到你的健康。

曾經有一個調理師傅跟我說：一個人的身體、狀態，都會顯示出他的職業病。意思就是，工作會深深地影響你的健康與外貌，正因為如此，你更要注意自己所從事的工作，需要做什麼特別的保養。

舉例來說，平常你可能不會坐在椅子上這麼久，但為了工作，有可能一天六、七個小時都需要坐在椅子上，讓你的腰椎、骨盆、坐骨神經出問題，要是坐姿不良，就會影響到許多其他部位的毛病發生。那麼，你就得去做一些專門維持工作健康的學習和保養。

我們的打扮、知識、穿著，也都會從外貌裡頭顯示出來，而品味、思維、習性，會影響到你的氣質與精神狀態，也包括給予他人的感受。要是你從來都不去管它，漸漸地，就會從別人對待你的反應，從心靈上去影響到你的健康。

從另外的角度來看，健康也會反過來影響到心靈狀態。要是你連自己的身體都不太在乎，穿錯尺寸的鞋子，走路的樣子不對，久而久之，你就會不自覺地皺眉，笑的時候嘴巴會不平衡，因為那些不舒服的能量會累積在身體裡，不舒服的感覺會顯現在表情上，身心、外貌都會受到影響。

健康會影響到外貌，同樣的，外貌也會影響到健康，兩者是一體的表裡關係。「永齡長春」就是要去學習這些東西，要觀察自己的健康跟外貌有什麼關係，再進一步修正、保養。要是你連自己的狀態都不清楚，就是一個最大的無知——無知，會是人生中很嚴重的問題。

關於健康，有很多相關的知識，許多名人都有他自己的見解，就算是一般人，或許也有它個人遵循的知識體系。不管你學的是哪一套都沒關係，重點是：這些知識到底適不適合用在你身上？

◎永齡長春的「變」是指：生活要有不一樣的元素。

關於這些知識，你覺得對不對？

當你真的去接觸了，這些知識有沒有辦法用出來？知識能不能用，就看你怎麼操作它，如何在生活當中讓自己更健康；而不是只買了一大堆的書，或是看了很多資料，卻沒有實際去操作、活用的經驗。你必須要經常去實作、研究。當你擁有獨特的經驗，了解自己適用的程度，才能擁有自己的看法。這也是一定要去身體力行、實作、運用之後，才會明白這些資料對你的用處在哪裡。

一門技術到底有沒有用，完全是看「誰」在用。這有點像是有一間什麼都賣的超級市場，所有人都可以去買他需要或想要的東西。但東西買了有沒有用？能用到什麼程度？還是要看買的「人」是誰。

在中醫裡面，常常講到「調、練、補」三位一體的相互影響，我覺得是很有道理的。這三者各別來看都極為重要，卻也互相關聯，互相依存；有點像是一張椅子，至少要三個腳才能撐得起來，如果少了其中之一就沒辦法平衡，是一個鐵三角的概念，缺一不可。如果只做一樣，或是偏廢其中一項，對長期的健康狀態並沒有多大的效用。只有在三管齊下的時候，才會產生最大化的效應。

譬如說，你常去找人「調」身體，調理的過程發現要身體有些毛病，是因為年紀大了，肌肉流失所衍生的問題，光靠調理的方式能夠改善的程度相當有限，若從夠從「練」的角度來處理，就會比較簡單。於是，你開始了增肌所需要的練習，這是「練」的部分。不斷地練下去之後，你又會發現身體需要「補」，要不然怎麼練都練不起來。

當你「補」過了之後，又會發現，這些營養確實是吃進身體了，但很多營養並沒有輸送到它該抵達的位置，沒有發揮它原本該有的效用，或是累積成為身體的負擔，沒有「調」是行不通的。所以，你得要繼續「調」——調了又要練、練了又要補、補了要調，不斷周而復始的互相串聯。

「調、練、補」不一定是三者同時並進，但一定要輪著來或是一起來，過程中你會感受到自己的改變，帶來很多感動。這些感動，也會讓你有繼續前進的動力，增加許多心情上的舒適感。

舉個最常見的例子。我們華人很喜歡吃補。當你補足了該有的營養時，會覺得

◎進步成長，就是把性格中屬於孤僻的、讓眾人不舒服的、自己也不舒服的部分改掉，情緒保持高昂，對生活周遭的事情充滿好奇心。

身體感到舒服很多，整個人很開心，容易笑、容易滿足，光是臉色就很不一樣，不管身體和心靈，都會有更上一層樓的感覺，到了跟以往完全不同的境界。

你的健康不是醫師的責任，也不是父母、另一半的責任，完全是你自己需要下功夫去研究的學問。你的生活遇到什麼樣的狀況，需要什麼樣的幫助？該做些什麼，來改進自己的狀況？其實，這些都不需要什麼大學問。你要做的很簡單，平常照鏡子就要留意有什麼不同，你要對自己的外貌有興趣，喜歡研究自己的飲食，感受自己身體的每一個部位及器官，皮膚、氣色的狀態改變了，都要有一些警覺性。

這並不是要你每天都照著鏡子搞自戀，滿腦子都在想著自己能有多漂亮，怎麼去當個模特兒，或是把自己打扮的花枝招展，而是你有沒有在關心身體線條的變化？你有沒有在留意自己的姿勢？你有沒有處理身體不舒服的部位，讓它的感覺更好？這些才是「永齡長春」的過程，必須要去努力的地方。

人，會隨著年紀不斷地改變各種狀態。如果你可以在健康跟外貌上不斷地鼓勵自己，一直修正變得更好，一直努力保養，把健康狀態維持到最好的狀態，這就是一種進步成長，也是一種「極限突破」的概念。既然人一定會老，「永齡長春」這樣的事，意義到底是什麼？是「持續」所帶來的改變。當你持續地努力以後，你會發現不同的年齡、不同的狀態，會有更不一樣的風貌，更不一樣的青春，也會見到同年齡的人所無法見到的風景，這是很值得去努力的事情。

「永齡長春」的投資回報非常大，而且生活裡會增加很多的樂趣跟感動。不僅你自己會很開心，別人也會很喜歡你，身邊的朋友、同學、長輩、子女，無論年輕的、年長的，大家都會喜歡跟你在一起。你把自己保持得很健康、很漂亮，對任何人來說，都是賞心悅目且樂於見到的好事，每次見到你，就等於是給了對方一個好消息。因為你活到這把年紀了，還是很健康美麗、正面積極，也會給身邊所有的人帶來更多希望。

「永齡長春」不必要很嚴肅地規定一定要怎樣做、要吃些什麼？這樣好嗎？那樣對嗎？瘋狂到一定要去醫美，要去請教學者專家，那些就不是我們談論的範圍。你只要稍微用點心，好好去端詳一下自己有什麼不同的地方，洗臉的時候照一下鏡子，穿衣服的時候看看自己的身材線條，睡覺前感受一下有沒有哪裡不舒服，走路時檢

◎一個人可以活的很長壽，但活的很醜陋，看起來很可怕，就像老妖怪一樣，那是個人心智的決定。

查自己的姿勢好不好看，平常就很簡單的去做一些運動，或是去學一些功夫、太極、跳舞、瑜珈等等的，學什麼都好，這就是上了年紀之後必須要做的功課。這個功課突破了、成績好了，就會對永齡長春有非常大的回饋！

希望每個人都可以健健康康，有著符合這個年紀的美麗外貌與快樂心境。

白髮越來越多，該怎麼辦？

這是很正常的事，應該沒辦法永遠保持黑髮吧！不過，你可以學會欣賞自己轉變成銀髮的美，學會喜歡這樣的自己，學著怎麼打扮，學習新的調養方法。如果你可以接受染頭髮，那就去染吧！如果你不能染頭髮，就讓它變白吧。

要把頭髮變黑，確實有很多健康的方法。很多坊間流傳的方式，也不是每招對每個人都有效。有的人吃黑芝麻，有的人吃何首烏，到底有沒有效？我不知道適不適合你。不過，你的壓力是否過大？生活中有一些壓力是很正常的，但壓力過多，操勞過度，吃的東西又不對，睡得很少，那當然白髮就會越來越多。

年紀到了一定程度，不可能完全沒有白髮。如果目標是要讓白髮越來越少，只要營養足夠，血氣充足，髮色確實有機會慢慢恢復。然而，一旦開始白了，就有點來不及，但至少有個警訊：身上營養不夠了！

我常勸年輕人，即使你很有本錢，睡眠還是要足夠，不要刻意熬夜。年輕時消耗掉的，等到年老想要補回來，就像白髮要轉黑髮，你得知道要補的不是一年，而是過去揮霍的十年、二十年，甚至更多。

這個白頭髮是從什麼時候開始的？就要看你二、三十歲的時候是怎麼過生活的。如果那個時間點，健康狀態就已亂七八糟，那老了才要補回來，當然是來不及。如果你的健康狀態還可以，各方面都有在注意，但頭髮還是發白，那就得看家裡上一輩的狀態，大概跟爸媽不會差太多。

如果你選擇染髮，當然要用比較健康、可以接受的方式。我自己是用護髮加染的方法，比較少用到阿摩尼亞這些有破壞性的化學藥品，盡量選用天然的成分，染的劑量盡量比較少一點的。比較看不到白髮的時候，我會稍做修飾，像是戴上帽子、加上髮飾等等。如果白髮真的多到遮不住時，我就用這種護髮染，把過白的部分染深一點，視覺上稍微年輕些，大家看起來比較自在，不會像是健康出了問題，讓人操心。

我也看過很多白髮的朋友很瀟灑，就讓整頭盡情發白，或是保有灰白兩色。有些人從年輕時就有白頭髮，他不是不健康，而是天生體質就這樣；後來老了髮色全白，也是很漂亮啊！所以，你說白髮該怎麼辦？每個人處理的方法不一樣。那你希望的

◎你可以選擇別人，同樣的，別人也可以選擇要不要跟你一起。

做法，是怎麼樣？

至於你已經有白髮了，想要讓它自然變黑回去，或許有機會，但要付出的代價，就不是那麼簡單了。你的生活勢必要做出很多調整，要有足夠的營養補給，還得去保養頭皮，保養血氣，讓身體活化，然後還要化瘀，就算黑頭髮長出來了，還得把髮色顧好……畢竟你之前就沒那麼在意，現在各式各樣的細節都要做到位，真的不是那麼容易。所以，你要先問問自己，有沒有那麼大的決心跟勇氣去做這件事情。

我所走的路線，都是從基本上開始改變。我從來不會去吃什麼仙丹，去用什麼特殊、速成的方法，那些從來都不在我的選單裡。我會改變生活方式、改變情緒、改善身體的血液循環，一開始做比較簡單的事情，慢慢補足身上該有的維他命，那才是治本的方法，我比較在乎的是基本「態度」。頭上有一些白髮，不管外在的裝扮或內在的調整，能做的，盡量努力去做。

如果你很年輕，卻不努力、不在乎這種事，不要說以後有白髮的問題，現在的頭髮就大量分岔，像一堆雜草，甚至一拉就掉髮，誰管你頭髮是什麼顏色？根本不重要！還不如一頭白髮，但髮質顧得很好，頭皮很健康，整個人血氣飽滿，我覺得這樣還比較好。

老，是一件很正常的事。最後每個人都要經歷「生老病死」這一關，你要學會心情上可以接受，要學會身體上、精神上全面配合。儘管慢慢地老，但你可以老得很優雅，老得很有尊嚴。不過，「保養」是一定可以做到的基本。如果你的生活方式對了，情緒對了，活到老，學到老，開心到老，這個過程是極度美麗的。你不需要過於在意什麼器官壞掉，頭髮哪裡發白，那些都不是生活裡最重要的事。只要能夠好好經營自己的人際關係，每個人都很喜歡跟你在一起，誰又會在乎你有一頭的白髮呢？

◎如果你打從心裡討厭這些人情世故，就不太適合跟人家在一起。

如何讓腦子更有力的運轉，不論從年輕到老，都一樣保持精明、靈活？

老實說，你沒有辦法讓身體都不老化，要維持到跟年輕的狀態都一樣靈活。不過，有一個好消息是：腦子可以越運轉越有力。

即使你老了，腦子還是可以不斷地運轉下去，但是身體的狀態，會影響你精明跟靈活的程度；也就是說，想要讓腦子正常靈活的運轉，跟身體的整體狀況有關係，還需要體力跟免疫力，這都是需要一起考慮的事情。

其實，平常能越耗腦力越好，這就跟健身一樣，腦部也需要鍛鍊，越練就會有越出色的狀態。但是，腦袋就像馬達一樣，運轉過熱了也需要冷卻，不是一直操。有一些關於腦的常識，例如補充氧氣、維他命跟休息，平常在生活中就可以去保養，不要等到腦袋快轉不動了再來想該怎麼辦，那時候就要花很多時間補回來了。

要是你平常工作需要高度的耗腦，相對就需要足夠的「補腦」——最好的方式，就是睡眠。如果睡眠品質夠好，有睡夠，所有體力、免疫力，腦力的問題全都很容易解決。為了要把「睡覺」這件事情搞好，你更需要的是「運動」，當運動到身體感覺疲倦的程度之後，身、心、頭腦的狀態才會平衡——意思就是，如果你有運動，才有辦法睡好。

如果你平常就很耗腦力，又沒辦法好好睡覺，那就等於「又要馬兒好，又要馬兒不吃草」，身體不夠累，只有腦很累，永遠沒有辦法恢復的。要睡覺之前，可以走路個四、五十分鐘，會對睡眠很有幫助。

不過，你又會聽到很多人說：「四、五十分鐘？平常哪來那麼多時間去散步啊？」

要是真的沒這麼多時間散步，那就建議你做短時間的劇烈運動。有的人是選擇游泳，有的人是去跑步，有的人是做一些強化心肺功能的運動，做瑜珈、打太極都可以，但是這種腦跟身體的平衡，是絕對免不了的。如果不去平衡它，就會有另外的消耗，而且沒辦法恢復——譬如說，你會睡不著，或是睡覺品質不夠好，後面衍生的問題就更複雜了。這些都是要靠身體運作才能達到平衡。

至於「劇烈」的程度，到底要做到怎樣才會平衡？每個人能接受的都不一樣。你必須不斷地去嘗試，才能找到自己的平衡點，把體力、免疫力以及腦力顧好。

◎只要是人，都喜歡跟「容易相處」的人在一起。

儘管如此，又能夠顧到多好的程度呢？

其實，就算你很會照顧身體、照顧腦，它的狀態也是會起起伏伏。若你的目標是要「一輩子無病痛」，即使是最專業的醫療護理人士，也沒有辦法向你保證。運動過多就會身體痠痛，吃錯食物就會有反應，平常身體修護也一定會經歷這些起伏的狀態。

此外，無病痛的生活裡，還包含了精神層面的因素，個人的思維跟情緒非常重要。只要無法平衡生命中難以消化的負面情緒，或是滿腦子想的都是不好的事，就要受到很多的苦痛。

「完全沒痛苦」這件事，其實也沒必要。生活中難免有一些不舒服，但也不會沒怎樣，應該要讓自己學著能承受得了這些事情。有時氣候潮濕、陰雨綿綿，天氣過熱或太冷；或是周遭有一些讓你覺得難以應付的人——這些人可能是你最親近的另一半，或是自己的父母、孩子，或是住在附近的鄰居；既躲不掉，又受不了跟這樣個性的人相處，那該怎麼辦？這些生活上的問題，都要靠你的腦子去學習如何承受這些變化，獲得更舒適自在的生活能力，就是平常的一種訓練，而不是說都弱不禁風，這個也不行，那個也不行，那生活當然會很不快樂。

相反地，如果你的體力、精神都很好，抗壓力夠強，不在乎承受這些難受或疼痛，經過一些痛苦之後就會發現，自己能夠承受的程度越來越高。不是毫無病痛的人生就比較好，而是鍛鍊自己成為一個能夠接受、能夠承受痛苦的人，我認為這是更健康的生存態度。

另外，對於腦的保養還有很多不同面向。你要試著讓自己轉換空間，學習不同的領域，做不同的事情，經歷不一樣的生活等等，動靜交替，不要讓自己一直採用固定的思維或模式過生活，那樣不僅不健康，也會讓腦的運作變遲鈍。

◎一個老年人的生活，有沒有辦法繼續和這個世界接軌，跟個性、情緒修養有著密切關係。

如何在身心上做到一個更高品質的「放鬆」狀態？

這是一個很好的問題。我聽過一個練太極的老前輩說：就算練到死的那一天，還是覺得不夠「鬆」。所以，人就是一直會有「放鬆」的需求，這也是「越來越」的練習。所謂的「越來越」，就是一個層次上的進步——你覺得自己可以比之前更放鬆，而不是絕對的放鬆。

放鬆是需要學習的技能，不是天生就會的。小時候，或許會吧。等到長大之後，很多事情都要重新再去學回來，學習像嬰兒那樣反璞歸真；有些人甚至更厲害，可以做到比嬰兒的狀態更好，這些都是有可能突破的。

至於怎麼樣可以真正的放鬆？因為肩膀放鬆了，不見得髖關節會放鬆。心情放鬆了，不見得腳趾頭會放鬆。那麼，我們放鬆了，身邊的人不見得會放鬆，像夫妻之間，先生放鬆了，老婆不見得放鬆。這個雖然講的有點遠，我希望告訴你的重點是：身體跟心靈有很多的連結，人與人之間也有連結。所以，這個問題牽涉到很多複雜的情況，這個放鬆的狀態不只是你個人的狀態，也可能是一個家庭的狀態，甚至是一整個團體的狀態，就是要做到怎麼樣彼此都可以放鬆。

如果不要講到那麼遠，先講個人的放鬆，那你應該先檢視自己的狀態有多鬆？這是永遠可以追求的境界。只要你越放鬆，你的孩子也會越鬆；你越放鬆，你身邊的人也會越輕鬆；你越鬆，你就越可以影響身邊的人也一起鬆，這是一個漸進的骨牌效應。

在身心上要做到高品質的放鬆，就是不斷地練習、學習，認真的做這件事。這是很有藝術性的領域。譬如說，練舞蹈的人，練到後面一定會想辦法讓自己表現得更自然、更有美感。就算你去練太極，要練到怎麼樣可以讓全身更能夠連結，然後做到完全放鬆的境界。

越「鬆」自然是越好的。可是，這個「鬆」並不是一個終點，不是跑到山頂就沒有了，不是這樣。它是一個「越來越」的狀態。所有的藝術、境界，都是一個無止境的，包括放鬆的狀態也是。它的品質可以越來越高。這個「越來越」的狀態，就是不斷地練，不要放棄的永遠繼續走下去。

放鬆是你的體會，你的了解，你的明白。你身上所有的骨頭，所有的關節，所有的經絡，所有的筋膜，一吋一吋「調練補」，一直持續下去。乍聽之下似乎很麻煩，可是真正要求高品質的人，會有很多的細節。那些細節並不是越細就越好，而是它到的一個水準之上，那些需要更鬆的要求必須做到更精確。

這有點像畫畫，你一開始可以畫一個輪廓，但畫到後面越來越精緻的時候，每一筆都不能隨便亂畫，它的每一點、每一條光線，每一筆線條，每一塊色彩，每一個層次，全部都要表現出來。那些細微的地方，並不能把它稱作「很麻煩」。當你能夠表現到那種程度，會被稱為「很美」，那個叫做「很有品質」，「很有境界」，「很有內涵」。

所謂高品質的「放鬆」，就是這樣的一種事情。這對「永齡長春」來說是一個非常好的問題。我們可以有很多種方式的放鬆，可以處理的越來越好，而且要把放鬆變成一種常態，可以永遠追求下去的東西。如果有一天，你覺得：「啊，我放鬆的程度到這樣就好了。」那就是退步的徵兆。所以，我們要讓自己永遠都能夠更放鬆，這是非常值得訓練的。

◎學習，不斷地讓自己變更好的這件事，是為生命帶來幸福的主要原因。

走路是獨處時最簡易的休閒。但怎麼把走路變成豐富生活的享受？

這個問題非常有趣。提問者喜歡「獨處」，如果很享受走路，卻永遠都是獨處，走路這件事就沒有機會變得如此多彩多姿。

我自己有很多獨處的走路時間，大部分都是放在赴約之前，或是做完事情要回家的時候，生活裡可以用步行到達的地方，盡量全部都安排走路。

我在走路的時候會做很多的事情。譬如，我有很多工作的相關訊息，全都是錄音的語音檔，所以我會邊走邊聽。這是我把走路結合生活的一種辦法。我也很常在走路時錄音，講電話，或是做很多生活上的計畫。這也讓我非常享受走路的時光。

我每次都會走不同的路，觀察路上發生的情況。有時是走街景很漂亮的路，讓自己賞心悅目，有時候是逛街，看看有哪些新開的店，有什麼櫥窗值得佇足觀賞，甚至哪裡有好吃的店家，去逛逛不同的地方。有時逛一下熱鬧的地方，有時去逛安靜的地方，逛一些平常很少走的區域，發現很多的樂趣。除了自己住的附近，有時會去鄉間走走，去不同的城市晃晃，各種地方都可以走。

這個問題講到「獨處」，但我比較喜歡走路時有別人在，我常常會約人一起走，在路上談事情。這件事對我來說還滿頻繁的。我要找人開會，有時只需要跟一個人討論，就會用走路的方式來進行。這種情況或許要選擇比較安靜的地方，但還是有很多路可以選擇，可以去公園，或是步道也滿安靜的，可以自在地講話，身邊帶一壺水，可以一邊講、一邊走，在休閒過程中把事情處理好。我有很多的事情，都是在走路的過程中完成的。

另外，兩件事情的中間，像是活動與活動之間的空檔，我也會走一走。我也很提倡工作地點跟住處不要離太遠，上下班用走的。當然，這種事沒辦法勉強，不行的話，你可以早個一兩站下車，用走路的方式回家。這些都是生活中的享受，尤其是睡前能夠多走點路的話，對睡眠品質相當有幫助。

在走路的時候，你可以思考很多事情。明天要做什麼？穿什麼樣式的衣服？要做怎樣的晚飯？跟小孩講些什麼？怎樣跟老公撒嬌？怎麼增加宣傳？跟客戶聊什麼話題？夢想要怎麼實現？各式各樣的內容，都在走路的時間裡思考，讓生活變得更精彩。至於能夠多享受？這就考驗你的創造力了。

◎人生最偉大的快樂，就是學習裡頭所帶來的「進步成長」，而且這種喜悅是一輩子的。

有些時候，我就什麼都不想，因為我最需要的是放鬆。但大多數的時間，我都會拚命想，不管放空或思考都非常享受。我一直很享受這樣的生活，能走路的時候都盡量用走的，雖然速度慢了些，生活卻因為這段時間變得更豐富了。

如何保持優雅儀態，讓姿勢保持年輕？

我個人是一大把年紀之後，才進行身體姿勢的雕塑，發現原本走路的姿勢錯了，原來這樣走不是很好看，或是身體並沒有很放鬆，或者使用的力量不對，造成某部位的肌肉痠痛。既然發現問題了，就得花時間去重整，這是我生活裡的一大享受。

我對於「美姿美儀」、保持優雅儀態的訓練，非常有興趣。當你可以擁有優雅儀態時，再加上活蹦亂跳的體力，就可以讓人感覺年輕。你可以走得像個年輕人，動得像年輕人，甚至於姿勢、微笑，連思想都像年輕人。

關於優雅的儀態，我認為從年輕就要開始訓練。如果你沒有那麼大的興趣，就會慢慢駝背，走路變得難看，或是不得不靠枴杖，當體力跟精神不夠，就沒有辦法活得像個年輕人了。既然姿勢要像年輕人，就要有年輕人擁有的一切標準，譬如思維、體能、健康狀態，甚至於賀爾蒙指數都要接近，看起來才會像嘛！要不然，怎麼可能會像呢？

很多運動員或模特兒，都設立了一個很好的形象。這些人為什麼可以做到這樣

◎「進步成長」到底有什麼有趣？就是為了要「極限突破」。

呢？因為他們長年持續的練習，對自己的健康、睡眠、營養，在「調」、「練」、「補」上都一直下功夫。

我自己是很有興趣。雖然難免也是有一點老態，會有一點皺紋，姿勢上也會這樣，可是我時時刻刻都會記得把自己的腰桿挺起來，讓自己保持在一個很優雅的姿勢，想辦法可以放鬆，所以我練跳舞，也學太極，讓自己的體能跟體態一直保持下去。

我認為盡量從年輕時，就要開始做這些事情，老了之後會比較容易維持。譬如一些學舞蹈的人，他們老了如果還有繼續教學、表演，姿勢、體態都還是相當迷人，相當有魅力。可是，這樣的狀態不會是一、兩天完成的，他是一輩子都在做這件事。尤其是當你年輕時就有本事可以這麼優雅，老的時候還有在練，就不會容易退化。換句話說，如果你年輕時有練過，老的時候停頓了，就不再繼續練習了，那也是很可惜。如果老了才要開始練，那你能做的，就是持之以恆。或許不能完全像年輕人那樣，可是你可以跟自己比，越來越年輕，越來越漂亮，姿勢越來越好。

像我以前都會覺得腰痛、挺不直。但慢慢練，現在我的腰就開始挺直了，我的下腰、上背，都有某種程度的更放鬆。可是，我還是得持續的練下去，這會讓自己很開心。我非常喜歡美姿美儀，可是我也會客串教課，教一些「玩美天使」的課程，研究怎麼讓人變得健康美麗，像是拉拉筋、活動筋骨的這些內容，因為我有自己獨到的心得，我有自己訓練的方式。

美姿美儀不是一天、兩天，或是一年、兩年的事，這是一輩子的功課，每天像呼吸、吃飯、穿衣服這般的頻繁，這麼的努力，天天都要去做的事情。所以，年紀大的夥伴要一起共勉，繼續做這些事情，就可以比較有年輕人的樣子。我們就一起來努力，讓我們年輕，美姿美儀，既漂亮又開心，一起享受「永齡長春」的快樂與喜悅。

◎有在持續進步成長的人，便會對人生越來越了解——最可貴的，就是「越來越」這三個字，帶來無窮幸福、無限快樂。

如何讓自己優雅地變老？

又要優雅，又要變老，這非常有趣吧！我自己也還在嘗試。關於「優雅」這件事，是心境跟體力的問題。如果身體上的動作很不優雅，看起來就是老了，沒有辦法優雅。你希望老了以後還要優雅，動作、講話、神情、身體上各方面都要配合。

人會呈現出所謂的「老態」，就是有很多的筋縮，許多動作不方便施展，即使做了也不靈活，外型上也不像年輕時這麼的挺拔、端正。

首先，你得讓自己運動，要去做一些伸展、拉筋的動作，至少走起路來不能像個殘障人士。要是你的身體狀態不行，動作、姿態都會出問題，那呈現出來的樣子，就是完全的老態。

你不要小看那些七、八十歲，身板還很挺、姿態很優雅的那些老人家，那可是需要不斷保養，不斷訓練才辦得到。有訓練的人，能做到的程度真的差很多！有些八十歲的人還是可以上台走秀，還是可以跳舞。除了體力之外，他的身體機能非常好，這是需要不斷運動、有足夠的營養，身體方面才有辦法做到這樣的水準。

除了身體之外，在心靈上面也要能夠適應。年紀大了，速度會慢下來，但並不

陳海倫顧問
鉅細靡遺

代表要停下來。要達到優雅的程度，你要能慢、能快，還要能夠保持自在。「動」是優雅的主要因素，你必須要有讓自己動的各種方法，而且要保持一直動。既然要動，勢必也要休息，那又回到老問題：睡覺，你要能夠睡得好。

「動」這件事還包括很多的元素：要活潑，對所有的事情要有興趣，不斷地工作生產，要一直保持交際應酬等等，這些全都要有；要不然，生活步調將會漸漸地停滯。就算你坐在電視面前，保持很優雅的姿態……這樣也沒有不行，但就是沒什麼行動，到底有什麼「優雅」可言？

優雅，就是要「動」。你活動的區域範圍越廣，能做的事情越順暢，你有本事把話講的很有趣，每個舉動都很有自信，看起來就越優雅。所謂「優雅的變老」，就是你在目前的年紀，呈現給人的「自信」有多高，你身上所有展現出來的能量，足以應付所遭遇的任何問題。

慢，沒有關係，活力、體力減退了，也是一樣可以做到很優雅。你不必像拚命三郎一樣到處衝刺，你可以慢慢來，可是給人的感覺並不隨便，你會想辦法把這些事情都弄好，從日常生活所有細節，像走路、姿勢、講話、行動，一直到工作、嗜好或是社交活動，都要讓人看起來舒服，而不是讓人覺得跟你在一起很難受，這就不是優雅。

我知道一個真人真事的故事。有一個芭蕾舞星，曾是劇團的首席舞者，為了照顧生病的先生，她選擇了息舞一段時間。在先生過世之後，她年紀也大了，最後還是回到熟悉的領域：跳舞。直到生命的最後階段，她只能坐在輪椅上，雖然腳不能動了，她還是用上半身比出動作，還是盡全力跳出她所能展現的優美舞姿。有一些過去她的舞迷，會到療養院去探望她，即使已經行動不便，她還是會隔著窗戶表演給舞迷們看，給人的感覺還是很美，感受到她努力地綻放著。所以，這樣子的人也是有，這就是她很優雅的心境。

為什麼「永齡長春」這主題很值得探討？因為不是所有的老人都很醜，也不是所有的老人都沒體力，也不是所有的老人都很悲哀。很多人在老的時候還是很優雅，還是很有活力地在探索，仍然在寫書，在表演。他可以游泳、歌唱、走秀、舞蹈，到處都不乏這樣的人，給眾人設立很好的榜樣。這會讓人知道，「永齡長春」是可

◎在這個領域持續進步，一路拼到底，也因此達到「永齡」的境界，你做的事情可以超越你現在的年齡，無論你是幾歲。

以追求的境界，這是可能發生的事，不是一個莫名其妙的夢想。

如果要追求的話，我是認為從年輕就要很努力，為變老這件事情做好準備。特別是「優雅」這種狀態，幾乎不可能一蹴可幾，你要有心探討新的事物，然後不斷學習，心境上不斷地進步成長，而且要跟同方向的人在一起，才能夠真正的優雅。要是你的環境充斥著非常負面的人，大家每天都在講八卦、難聽的事，怎有機會讓自己變得高尚，更有氣質呢？

優雅的變老，需要照顧到整個生命的環節。這也是我一直都在努力的方向，希望自己可以跟生命較勁，不斷地接受挑戰，讓自己有更多的活力，成為生命的另一個目標，我覺得相當有趣，值得探討。

如何減掉內臟脂肪？

關於內臟脂肪，基本上還是飲食控制的問題。

想想看，你大概用了多少時間囤積這些內臟脂肪？假如有十年的時間，讓自己有今天這樣多的內臟脂肪，要是能用兩到三年的時間來減低到安全的標準，已經很不錯了。

我認為內臟脂肪過多的人，基本上是生活習慣的問題。這種問題須要改腦，不是吃什麼藥或是依靠什麼秘訣來改善，那些方法都是「治標」而不是「治本」，我並不贊成這樣做。我會建議你從生活習慣開始調整，改變飲食的方式，徹底改變規律作息，基本上就是盡量睡好，好好的運動。

我所謂的運動，並不是你所想像的每天要跑五千、要去健身房重量訓練的那種。我指的是你每天基本的活動量，包括工作、走路或是一些動態的行為，至少可以持續一、兩個小時，是一個生活中很基本的事情。

然後，你要看自己的年齡，不能再去吃那些反式脂肪，以及那麼多身體不能消

◎「長春」，就是因為你一直可以越來越好，還保持著不一樣的風貌，後面還有新的體會、新的姿態，甚至還能延伸出不一樣的進步成長。

化的東西。我非常在意一些飲食習慣，不吃甜品、甜點，以及麵包、米飯、麵等等那些碳水化合物食品，造成脂肪一直累積——大部分過多的內臟脂肪，我個人的感覺都是平常吃太多，就算不是很貪吃，但也是很享受吃，而且吃進太多身體不需要的廢物。

你應該感受一下身體真正的需求。年紀大了，或許食量減到年輕時的三分之一，就可以了。那一整天下來，就是吃原本一餐的份量，也就夠了。

有一次，我的一個朋友問：「陳顧問，你吃不吃水餃？」我說：「我當然吃啊。」他說：「你那麼瘦，你應該不吃吧。」他又繼續問：「你吃幾個？」我回應說，兩個吧，吃一個到兩個就可以了。他聽到我這麼說，臉上顯出痛苦的表情說：「那怎麼可能？不吃三十個，最起碼也要二十個，不吃二十個，也要吃到十五個吧。」

我告訴他，水餃這種食物從小吃到大，還會有什麼特別的口味？我吃一個是看有什麼味道，第二個是填肚子。當然，我的一餐不會只吃兩個餃子，而是同樣的東西不必吃那麼多，夠了就好，肚子還要留著吃其他的東西，對吧？

我很愛吃巧克力。小時候吃巧克力就像在吃磚塊一樣，磚塊那麼大的整個把它吃掉。不過，那是小時候，此一時，彼一時也。現在我一樣會吃巧克力，可是就只吃一片，一個小方塊就夠啦！吃那麼多要幹嘛？我知道自己的消化系統可以負載多少，身體需要的熱量是多少，進食的份量符合目前的「需要」，而非是為了「想要」才多吃一些。

要是你已經六、七十歲了，吃的跟二、三十歲一樣，只是因為你覺得好吃，大滷麵兩碗全部嗑下去，目的到底是什麼？既沒顧到健康，營養也吸收不進去，只是撐大了你的胃，最後全部變成不必要的內臟脂肪，有點莫名其妙。

如果你只是吃非常少量的碳水化合物，一天只吃一餐、一餐半，就足夠應付身體一天所需；每天走個一、兩個小時，睡個七、八個小時以上，在生活裡做很多的工作，這樣過了兩三年以後，慢慢地，內臟脂肪就會自動消減下去。

我個人認為，現代人在健康上大部分的問題，都是「吃」出來的。要吃對的食物，要吃正確的量，還不到該吃飯的時候，肚子餓了就多喝點水，什麼都不要吃。學會慢慢地紓壓，再加上一點重訓，然後生活中有足夠的活動量，像是打掃、澆花、遛

◎極限突破，就是你對於目前的表現即使已經非常滿意，或已經盡了全力，你還是會再去挑戰一個不一樣的目標。

狗、帶孫子出去串門子，跟夥伴去爬山、去參加朋友的活動等等，不管做什麼都好。如果是這樣過生活，應該不會有內臟脂肪的問題。

如果你毫無限制地把食物灌進肚子裡去，一定要吃很多飯菜、甜點，每餐灌到飽的，內臟全都是多餘的脂肪，不管你用什麼方式去怎麼消減它，我覺得都是花籃提水，沒有建設性。而且，你所想的都不是改變生活行動，而是看看能不能打個一針、吃個仙丹、喝個聖水，看看能不能來個一勞永逸，馬上瘦個二十公斤，然後又可以繼續吃。這種觀念不改過來，神仙也救不了你。

基本上，內臟脂肪不是什麼大問題，就是決定少吃多動，從腦開始改起。身體不要停下來，然後好好的加強睡眠品質，過個兩年三年，它自然就會好。所有最健康的療癒方式，都需要靠時間累積，需要長久計畫，改變生活的型態；而不是想著有什麼妙方、有什麼捷徑，那些都不實在。就算給了你仙丹，如果不改貪吃的習性，最後也還是沒辦法挽救。

如何防止自己的聲音變老？

要做到「永齡長春」，其中有一個關鍵事情非常重要：我們必須先了解自己的身體狀況。喉嚨是身上器官的一部份，不管做什麼事情，你得要靠講話；喉嚨的狀態好不好，非常影響溝通的表現。

喉嚨、聲帶的保養，需要練習。譬如費玉清這樣的歌手就很值得敬佩，他一輩子為了聲音好聽，為了不讓聲音聽起來變老，在生活中進行各種防止老化的調整。那當然，無論如何，最後一定會變老，如果聽過他最後一場封麥的演唱會，真的會打從心裡不得不敬佩他！他這個年紀，竟然可以連續唱幾個小時，聲音還是一樣那麼好。

他所有對於身體狀況的調整，是為了聲帶最佳的表現，去做出適合的搭配練習。雖然我不知道他的生活習慣與細節，但是很肯定他的保養非常自律。我相信他不會吃冰，像是剉冰、加冰塊的這些東西。可能很偶爾會，但是絕不會像平常人隨便吃一碗甜的，吃冰之類的。

另外，如果他有演唱會，或是在準備的練習期間，他是不會隨便講話的。更進一步來解釋：你身上的每個器官都是有使用期限的，所以盡可能地讓它有最好的發揮效能，不要隨意地亂用它，揮霍它。

關於這點，我自己有一個很有趣的故事。我去買隱形眼鏡的時候，請教過醫師：「年紀大了，怎麼樣可以讓眼睛保養得更好？」他就跟我說：「陳顧問，東西用久了一定會壞，器官也是一樣。眼睛，就省著點用吧！」

我記得以前有一個親戚生病去做化療，打了一些治療癌症的藥。醫師在施打藥劑之前，都會提醒一件事：「這個藥劑雖然有效，但你這輩子只能打多少的劑量。要是超過了這個劑量，你要換藥。否則，你的身體沒辦法負荷。」所有的器官也是一樣。這些器官，你一輩子可以使用多少時間，也是有使用期限的。

以眼睛來說，假設你一天看手機三個小時，在這樣的操作頻率之下可以看個五十年。要是你一天看十個小時，那可能只能看十五年，有可能甚至更少，因為難免會有一些不正常的超載使用。也就是說，關於器官的使用程度，你要知道一個合理的分配量。要是把它提早耗盡了，然後才要來談回春這件事，是沒辦法做到的。

以車子為例，**Toyota** 被譽為不會壞的車子，可以開個五十年，前提是在「正常」

◎你所知道的「對」跟「好」的，就盡量去多做一點；至於那些不好的就少做，不然就不要做，這樣就行了。

的使用範圍。如果你每天繞台灣跑三圈，該換機油的里程數到了也完全沒在注意；那你想想，怎樣讓這台車子開個五十年？不可能嘛！

喉嚨、聲帶的保養，也是一模一樣的事。你每天會用聲帶發出多少聲音？你的發音方式對不對？如果每天粗聲粗氣、尖聲亂喊，把喉嚨拿來隨便亂操，那它一定會很快老化，就像過度張拉、失去彈性的橡皮筋，或者是使用過久的輪胎，外表都磨壞了。小孩子聲音很清脆悅耳，他就像出廠沒多久的新車。這是個很簡單的概念——聲音變老，是因為用了這麼久。

如果你有很好的保養，但聲音聽起來還是老，那就是沒有練習的問題。如果要講到完整，這是另一個領域的專業，幾乎可以再出另一本書。簡單地說，你要讓自己聲帶的活動範圍有更多的彈性。有一些皮革製的皮件，像是皮包、皮鞋、皮帶，有在保養的，就算用了很久還是很光亮，皮還是很軟。只要你不把它拿去浸水，不要都不上油，沒有把它擦乾淨，放在濕度不對的地方，皮革會產生變化，品質會變不好。

所以，關於不想讓聲音聽起來變老的問題，除了要學會保養，吃的東西要對、要有足夠的營養，這些東西就不再贅述，你隨便上網找，可用的資訊到處都是，你就找有經驗者、適合你的方式去執行就行了。剩下的，純粹就是練習的問題，練習把發音發得更好，怎樣出力會有好聽的聲音。

我有很多廣播界、教育界的朋友，平常都是用喉嚨在工作，即使年紀大了，聲音還是非常好聽。一方面是平常有在保養，一方面是發聲的方法正確，知道什麼場合運用怎樣的聲音，才不會把喉嚨用壞。有保養、使用得宜的，那些成功維持的動作不要停下來，就可以像費玉清那樣，一輩子唱歌都很好聽。

當然，老歌星想繼續唱歌，還要考量到整個身體的狀況，像是肺活量、體力、精神狀態、記憶力，有很多細節都要包含在內。若我們的目標只是把聲音搞好，相對簡單很多。但是，如果平常都不保養，變老了，你說有沒有仙丹？如果真的有，那沒有人需要封麥。

有些人平常的生活很操勞，有很多奔波，身體的體力、精神狀態都不夠好，還要去保養聲音，老實說，他也沒這個興趣。不保養器官的結果，就是讓它老、讓它咳，一天到晚清喉嚨，喉糖也亂吃，又亂吃不該吃的食物、喝冰水，活活把身體搞壞掉，

◎什麼才叫「對」？凡是對你的生活比較健康的，也就是符合生存的一般常識，你就去做它！

這些都是很大的傷害。

你必須明白，身體的所有器官都是相互通連的。所有生活的習性，所有身邊接觸的人，周遭的空氣、生活狀態、朋友的情緒，你講了多少話，有多少的休息，有多少的體力，這些都跟你的健康有相關，跟你的心有關，跟你的喉嚨有關。你需要的是整體性的照顧，不要只想著照顧某一個地方。要是你只有一個地方是好的，當然也好過什麼都不好——畢竟人生到了最後，你只能捫心自問：這是你想要的狀態嗎？

前面提到費玉清的例子，他為了自己的事業，為了自己的歌迷，為了做好他的工作，為此所付出的代價，非常了不起。所有那些經驗老到的演員，為了演戲可以增肥、減重。老歌星為了繼續唱歌，一直到過六十歲都還可以上台，身材保持得非常好，可見他所下的功夫，是一般人難以想像的。

永遠都不變老，是不可能的——你可以老的比較慢，可以五、六十歲的時候，還保持相當不錯的狀態。雖然保養、生活習慣很重要，但前提是，你有沒有想要讓自己維持的那份「心」，非常非常重要。這是精神層面的突破，不是純粹克服物質上的限制就能辦到。如果你也有這麼大的決心，那你也有機會成功。

如何「準確」運動，最能增肌防老？

類似這樣的問題，對於「永齡長春」不太好。

並不是增肌不對，也不是能不能做到「準確」運動的問題，主要原因是在學習的「態度」有偏差——這樣的提問顯現出想要「對」，想要「找答案」，但提問者可能只想聽一聽，感覺上也不會真的去執行。也就是說，這樣的問題其實是很投機的；想要知道知識，但是並沒有「心」。想投機，想快速，想要走捷徑，想要知道自己做的是正確的，但是並不想去享受那段過程。如果是這樣子的心態在過生活，我覺得對「永齡長春」不會有什麼特別的效果。

不過，若要回答這個問題，每一個人都有不同的標準跟需求。所謂的「準確」，或許對A君來說很適合，對B君來說卻覺得很討厭，C君覺得準確，D君卻覺得那樣做要幹嘛？我又沒有要當選手。所以，沒有所謂的「準確」的運動，沒有辦法真正回答一個好的標準是什麼。

如果你的目的是要增肌防老，那很好，但那也僅是對你來說是如此。你得曉得，並不是所有人都想要這麼幹。有的人不想防老，有的人不想增肌，有的人覺得他就這樣老去，也沒什麼不對，沒什麼不好；有的人覺得他身子很硬朗，他可以很快樂，可是這種人並不多。

真的要談「增肌防老」，那就看你的興趣有多大。至於準確與否，也有很多的派別。如果你真的希望要做到「準確」的水準，最簡單的方法，就是去找一位專業的教練從旁輔導。問題是，光是「找教練」這件事情就挺複雜的，搞不好比你執行增肌還要困難。這個學問裡有很多的門派，有很多不一樣的方式；就算同個流派，不同的教練，也有不一樣的喜好。

我們跟教練學習，也是一個緣分。學生能學到什麼程度，要幹些什麼事情，也要看那位老師可以帶你走到哪裡。但是，不管你用哪種方式，都要持續。至於要持續多久？給你一個基本的單位：至少十年。要是沒有十年，沒有辦法磨出一把像樣的劍。至於這個方式準不準確？好不好？適不適合你？至少也需要兩年的磨合，或者更長的時間才會知道。有很多的學問，你沒有實際去體會，沒有親身的經驗，其實是無法明白的。

◎什麼才叫「好」？學會調整，調到最適合你的狀態，就是好的。

所以，類似這樣的問題，最重要的關鍵並不是採用什麼方法，而是當你選擇了之後，要持續去做這樣的事情，你必須要把所學的投入你的生活、你的生命。你必須真的有心去尋找，真正為這件事情做好準備。

如果你真的有心，問這個問題應該會非常對焦。既然需要運動增肌，最好的方式就是去找一個老師，然後認真的做，甚至還需要多方的學習——不只是一個課程，不只是一個老師。

我個人認為每個人需要的不完全一樣，原因是過的生活不一樣。你的肌肉要用到哪裡？如果只是走走路，也不必那麼劇烈。要是希望可以爬山，你便需要做比較劇烈的運動，要是你想繼續打球，每項運動的基礎是類似的，但是個別要求會不一樣，用到的肌肉不同，那你就要另請高明。

我個人的建議，比較是屬於我們華人能夠普遍接受的「太極」。但你不一定要跟我一樣選擇練太極，看是要練空手道，練摔跤，還是練柔道，甚至是要去學泰拳，大家都是練習同樣的基礎，只是門派不同、基本動作有所不同，最後仍是殊途同歸。不管練什麼，都是得先從基礎開始。大家都是同樣一個身體，如果有正確的方式去鬆開筋骨，去練肌肉，甚至用太極的方式去做重量訓練，也是非常好的。

這個問題的問法，是沒有辦法精確回答的。每一個人都有他的「需要」跟「想要」，還得顧及個人的身體素質、年紀，看個人的意願，能夠操到什麼程度？還有這樣的練習，在生活上的實用價值到底是多少？至於「標準」還是「不標準」，並沒有那麼嚴格的要求，如果不是專業的領域，有些誤差也沒什麼關係——你練習的目的是為了要參加奧運，還是要去當職業選手？你練國標舞的目的，是為了參加比賽，或只是去廣場跳一跳？搞清楚你的選擇比較重要，而不是哪一種練法比較好。你必須先了解自己的需求，練習的方向才不會搞錯。

當然，不管問題是什麼，這些態度與選擇都是希望進步，會跟我們所談的「永齡長春」逐漸對焦，所以十分有趣。談起來雖然不是什麼很深的大學問，卻令人莞爾會心，回味無窮。

◎經驗無論好壞，都會是你生命中的一部分。

[第三章]

最適合你的，就是最好的

永齡長春的「敵人」跟「朋友」

不管任何事情，總是有好的一面與壞的一面；我們在做選擇的時候，也會有比較喜歡與不喜歡的。我覺得，這當中值得去探討的是「為什麼」——如果能夠了解，做事情的意願會變得不一樣，執行的心情也會輕鬆。

我們並不是在考聯考，答案沒有一定要怎麼寫不可，或是學不會就要被打、被罵，也不是為了符合某人的期待、為了跟上社會潮流，好像自己被逼到非得這麼做不可，這樣簡直太痛苦了。

「永齡長春」的基本觀念，其實非常非常簡單，簡單到甚至讓人難以置信：對的、好的，就多去做。

但是，什麼才叫「對」？什麼又叫「好」呢？凡是對你的生活比較健康的，也就是符合生存的一般常識，你就去做它！

比方說，吃的。要吃新鮮的食材，盡量不要吃再製品；常熬夜對身體不好，所以盡量不要熬夜。這是很簡單的常識，對吧？但並不是說，你知道熬夜會傷身，就完全不讓自己熬夜，一次也不行……你不要覺得很好笑！有些人的思維，真的就是非常地死板。要是現在工作團隊需要每位夥伴再撐一下，把重要的任務執行完畢，偏偏這時候就會有人堅持一定要回家，他的理由就是絕對不可以熬夜，熬夜會傷身體……這樣的態度也很奇怪吧？

生活難免會遇到某些時候，需要你打破常規，做一些平常不會做的事情。要不然，活著要幹嘛？如果一定都不可以這樣或那樣，其實是很不合邏輯，也沒任何道理的。

至於什麼才是「好」的？就是學會調整，調到最適合你的狀態，那就是好的。

就拿前面熬夜的例子來看，你只要少做就沒有關係，大家在拼事業、拚成績的時候，總是難免會熬夜，有時候睡眠不足或精神不濟，吃一些不該吃的東西，身體發出了一些不舒服的反應等等，這些都算是合乎人情的狀況；重點就是不要太過度，控制在範圍內。

那麼，怎樣才算「過度」呢？天天熬夜，連續熬了兩年，這樣幹，顯然後面要付出很大的代價。

◎好朋友要多往來，常在一起；不好的朋友，就盡量不要接近。

有人又會問了：適當的熬夜「頻率」，又要怎麼算呢？一個禮拜熬夜一次會太多嗎？或一個月熬一次，會不會超過？

其實，不只是熬夜，像是喝酒、抽菸、應酬等等的行為，你知道平常不該做太多的那些事情，逼不得已一定要做的時候，到底適當的頻率是多少？沒有標準答案的。關鍵就在於你能夠去調適，畢竟生活中有些時候，沒有辦法避免那些問題——就像戰爭的時候，敵人半夜攻打過來，你能繼續睡覺嗎？要是這種狀況持續了好幾週，你是否有能耐撐下去？

你可能有長途旅行的經歷吧！像是搭飛機要轉機，難免會在機場半夜等待。只要你事前多做準備，事後再把精神體力補回來，一切恢復正常狀態即可。我們不需要那麼堅持一定得怎麼做，或是拼命告訴別人說：「我做不到！」這些都不是重點。重點是，你所知道的「對」跟「好」的，就盡量去多做一點；至於那些不好的就少做，不然就不要做，這樣就行了。

在生活裡，有些情況會讓你比較不方便，就得去調適一下。譬如平常沒時間好好吃飯，那麼，維他命就記得要多吃一點；這禮拜一到禮拜六都熬夜趕工，禮拜天就給自己多睡一點的時間。

當然，如果你真的那麼不幸，像是遇到戰爭這種事，好比經歷過抗戰的老人家，很長的時間沒什麼好東西吃；但你得試著讓自己換個角度來看：只要生存下來，大部分的人都很長壽啊！這些經歷也未必都那麼糟糕，而是心態如何調整的問題。就算遇到不好的事也不需要太難過，經驗無論好壞，都會轉化成人生的養分及智慧。

在這裡要提醒大家：年紀大了，還是要繼續交朋友。要是不繼續認識新朋友，你那顆想要「永齡長春」的心，就很難真正活絡起來。

好朋友要多往來，常在一起；不好的朋友，就盡量不要接觸。這句話聽起來似乎輕鬆簡單，但很多時候卻很難做到；就算做不到，心情也要調適過來，就是盡量珍惜好朋友之間的緣分。至於那些不好的朋友，你心裡有數，不要受到對方那麼多的影響。

關於「交朋友」的這件事，人生的方向與思維非常重要。方向一致的，相處上就不會覺得勉強，彼此可以一直互相往來。畢竟我們希望活得很久，又要很開心，

◎當你到了此生的終點之前，你敢跟別人大聲地說「不枉此生」嗎？

所以更需要新朋友；如果有機會，最好一直維持跟年輕的朋友在一起。

老朋友就像酒，越陳越香，但新朋友也並非沒有味道，是看你能夠跟對方有多熟。對於那些認識的新朋友，你也要去參與對方的生活，想辦法進一步去深交——這裡所提的「深交」，並不是要求你跟對方能夠肝膽相照，這是可遇不可求的。只要朋友的關係到了比「泛泛之交」更進一步的程度，就會講到感覺，講到心得，牽涉到極為重要的精神層面。如果你擁有很多精神上可以往來的好朋友，那生活將會帶給你一種舒適與幸福，而且是極度的享受。

我媽媽一直工作到七十幾歲。她跟我說過，她最快樂的事情就是工作跟賺錢。我也非常看重工作、人生目標這兩件事。一個人如果有工作、有方向，即便是老了，心境上也會開朗許多。我媽媽平時很愛打麻將，也很愛交朋友，但就是要遇到「對的人」。如果不是對的人，生活上就會有蠻多麻煩的。

我媽媽曾經說過，她不想活下去了。其實，她的身體狀態非常健康，沒有任何病痛。有一次，她在同學會上說：「我只要活到八十歲就好，這樣就夠了。」

沒想到，朋友們聽了都非常生氣，覺得這句話是什麼意思呀？妳叫我們去死喔？

我媽媽的意思是，活在這個世界上那麼久，要是朋友都死光了，自己一個人活著也沒什麼意思。然而，她會想死的其中一個原因，是因為有些朋友年紀愈大，愈讓她覺得討厭，談不來，還有那種生病、整天唉唉叫的，就算在一起，也不是那麼有趣。

我爸爸也曾經說過不想活，不過，他的理由跟媽媽不太一樣。在他的感嘆中，也有那種朋友相繼離世的不舒服，但更關鍵的，是身體沒有以前那麼自在了。

爸爸原本有走路的習慣，而且很愛走，但後來年紀大了，就沒再繼續走了，也不太愛出門。他最大的享受就是能夠看點書、使用電腦，跟電腦下棋。他是個很愛講話的人，但不見得會所有的人講，就是要找到可以聊天的朋友，不然，他會覺得話不投機半句多。隨著年紀越來越大，眼睛也越來越不靈光，這對爸爸來說是非常大的挫折，也是他不想繼續活下去的主因，原本那些很有趣、最享受、最開心的事情，通通都變得不有趣了。

父母年老時對於生命的想法，給了我很多的省思。那麼，我現在的情況是怎麼樣呢？年紀大了之後要幹什麼？我要如何繼續好好活下去？該如何把人生過得更精

◎當你老了，努力的程度沒有改變，後面只會活得更不好。

彩？這也牽涉到生活品質能不能維持下去的問題。到了最後，真的身體機能無法負荷時，速度慢下來，也沒什麼好難過的。

在「永齡長春」的範疇裡，到底什麼是要做的？什麼是我喜歡的，而且跟我們是朋友的？有什麼東西是我們不喜歡的，是我們的敵人？那些你在年輕時會做的事情，等到邁入中老年的階段，所有的興趣跟喜好都有可能會變得不一樣；你要找到一個最適合自己的步調與節奏，把這些事情一一分析出來，對生活會比較有建設性，往自己想要的方向去改善。

所以，你首先要做的，就是重新了解你自己目前的狀態。你要了解你喜歡的跟不喜歡的事物，再去研究，怎樣把這些適合你的生活方式建立起來，然後認真地在生活中去修練、去訓練，把它變成你活著的一部分。讓自己永保青春，生活的每一天都要有高品質，這是值得我們一輩子去探討的事。

時間、精力有限，怎樣可以更聰明、更有效率地去完成自己的夢想？

這個問題被問出來的感覺，彷彿是希望找到一個完成夢想的「捷徑」，就算沒辦法完成，也可以用「沒時間」、「沒精力」的理由來安慰自己。

其實，我必須告訴你：時間跟精力是無限的。只是，你把它想成有限的，所以時間跟精力就變成有限的，是你的「腦」需要改一下。

我們總是會有時間，總是有精力，就看你把這些資源拿來做什麼。所謂的「有限」，也是你自己限制住自己，除非你死了，不然一直都有時間，都會有精力，對不對？

其實，完成夢想也不必什麼更聰明、更有效的方式。希望做到真正的有效率，簡單來說，你需要的就是「認真」與「勇敢」，其他的就是盡你所能、努力地去做，把握你的時間。沒有什麼更聰明的方法，你要跟誰比呢？就是跟自己比而已。至於聰明不聰明，倒還是其次；有沒有效率，也不是很重要。你只要很認真的去做，在你很認真的磨練過程當中，效率自然會不斷的提升跟改進。

就以你現在的智商，以你現在的工作方法，如果持續做一段時間，只要有在用腦，「聰明」是不需要的，你只要會用腦就行了。只要不是什麼智能障礙、腦性麻痺的嚴重問題，每天都有認真在做，自然會變得更聰明，因為這是一個次數的問題——做多了，自然會更明白該怎麼做。

問題來了。為什麼很多人做了很久，他都沒有變得更聰明，或者是更有效率？其實答案很簡單：是他沒在「想」，沒在用腦，沒在思考與研究。如果你每天有在認真努力，去思考該怎麼做會更好，怎樣可以累積自己的智慧，那就一定會有辦法會更好。

回到原來的問題。你要去完成自己的夢想的這件事，其實，夢想並不是一個終點，而是一個方向。我們要的是在追求夢想的「過程」，在實際執行的時候，你要能夠享受它，覺得這件事很有趣，讓自己「越來越」接近目標。

注意這三個字：「越來越」，這是一個很重要的概念。什麼意思？就是你覺得更好，你覺得更成長，你覺得有在前進。

所以，夢想並不是一個「就只有這樣」的事。夢想不像比賽會有一個終點，好像一百公尺賽跑，跑到終點就叫夢想成功，不是這樣子的。它是一個「越來越」的過程，它是不斷的前進。

◎若是生活沒有變得更好，千萬別以為你的努力，只要維持在過去的水平就行——不太可能。

在追求夢想的過程中，你會越來越有能力，會有不一樣的發展與延伸，或者是更大的格局，有更精進、更超越的想法。夢想是給你一個前進的方向，然後，你要做的事就是一直突破，一直地往前走，這才是真正的方向。

關於夢想，不要一直去想著「我要快一點到達終點」，然後就結束了。我們是人，不是機器。我們會在這個過程中不斷的變好，不斷的成長，變得更厲害，這才是你生為一個「人」應該要做的事。要是你像個機器，把這些食材放進去，時間到了，成品就出來了，一切也結束了——不是，人不是這樣子的，人會一直改變。

這次你做了一條白吐司，下次你會想要挑戰看看，加入葡萄乾吃起來會怎麼樣，而不是說學會做吐司之後就結束了；或是爬山攻頂之後就算是完成了夢想。我們是會一直爬下去，一直找不同的山岳去攻頂，用不一樣的方式去爬各種不同的山，這就是「永齡長春」的概念。

夢想？有！但它是一個方向，它是活的，不是死的，不是到了終點就停止的。它是永無止盡、生生不息的，它是一直紀錄生命經歷的概念，所以是「越來越」、「越來越」，有這樣的觀念，你就可以不斷地讓生命擴張，持續延展下去。

我該如何判斷年輕時想做卻沒做的事，現在才來做，會不會太遲？

遲不遲，並不是很重要；除非你想要成功，那當然就是遲了，因為機會有時候是「零」。這就是要學會面對現實。

至於會不會太遲？當然永遠不遲。如果你喜歡，你現在還能夠做，就去做啊！如果什麼都不做，那就沒有什麼遲不遲的問題，反正做不到。不過，如果你是有一些特別的目的，希望能夠做到某些成果，甚至是賺錢營利，那可能就沒辦法。

譬如，你到很老的時候才想要去學芭蕾舞，那可能就沒辦法。或是一把老骨頭，想要學年輕人跑酷（Parkour，多以城市環境為運動的場所，常被歸類為一種極限運動），那真的是有點太遲了。可是，如果沒有什麼特別的目的，不管年紀多老，你還是可以學太極、學畫畫……你當然應該去，義無反顧地去！

我有個朋友的媽媽，她很老了才想要學鋼琴，就買了一台鋼琴給她。人家也有學啊，也有彈一點，如果你覺得這樣子就很滿足了，你想做什麼都行。

你應該思考的是：你想不想做？如果你想，那你可不可以做？在經濟上、體力

◎從「永齡長春」的角度來說，年紀大了還要維持一樣的水準，要付出非常大的努力。

上、時間上，腦力、身體的機能等等，這些條件是否足以讓你去做呢？如果條件不行，你還是很想做，那就去做啊！何必管它遲不遲的問題，又不是要去比賽，也沒有要拿冠軍，學多少，算多少嘛！但如果你現在才要去參加奧運，目標要拿金牌，那當然太遲啦！做這些事也沒什麼意思，因為你錯過了最佳的時機。

我自己是一大把年紀了，才開始想要學探戈，因為我年輕時就想學跳舞卻苦無機會，等到有點年紀，再不跳就沒機會了，所以就開始跳。一開始的時候當然是很痛苦，不是腳痛就是肩膀痛，被老師嫌的一無是處，沒有一個地方是對的。但是為了要跳，看看自己可不可以做到想要達到的程度。

這麼多年下來，我還是繼續努力，繼續去學。有沒有很滿足？我覺得在這個領域是相當滿足了。那你說，遲不遲？我沒有管它遲不遲，因為我學探戈也沒有要幹嘛，純粹是一種享受，當作生活中的娛樂。

那你說，人都老了，還要不要做？我很想做啊，所以就去做啦。學得好不好？就看各人的努力囉！即使差強人意，但至少我還是滿開心的。我看到自己的進步，我覺得還可以跳個二、三十年，所以我會繼續跳下去。至於要做多久、要多投入，也要看你所學的事情，看你的條件、能力，還有毅力。你是不是真的那麼想要？若真的那麼想要，應該天下無難事吧！也沒有人可以阻止你，是吧？

我現在做的很多事情，也不見得是以前想做的。我就是去做我現在要做的，我喜歡做的。至於你想做的就盡量去做，可以做得來的，就放膽去做，沒有什麼好管它遲不遲。有些年輕時想做的事，現在不想做了，是吧？若還想，就勇敢去做吧！

◎進步成長，是因為你會看到不一樣的風景。

年紀漸長之後，什麼該「捨」？又該怎麼做，才能有智慧的「捨」？

每個人都會在某一個時間點上，覺得有些東西該丟了，或是不要再一直抓著不放了。這些不一定是有形的金錢、房子、衣服之類的，甚至包括無形的權力、朋友圈、興趣等等。

至於應該怎麼樣去「捨」？其實，你應該回過頭來問問你自己：到底什麼事情對你最重要？

什麼事情你最喜歡？

什麼事情你覺得應該夠了，不必一直抓著不放？

當你決定要捨棄某些東西之後，那麼，要怎樣做才是有智慧？

關於「智慧」這件事，我覺得其實沒那麼重要。就是要掌握一個原則：施比受更有福。能給別人的盡量施捨出去，儘量給別人。你可以「給」，表示你的能力是足夠生存的，你是有福氣的。

其實，有很多東西，可能我們自己還可以用，可是轉讓給別人之後，會更有用處。那些你不常用的東西，就盡量分給可以用的人。我以前有很多的東西，都是別人給

我的，我也給了別人很多的東西，因為我始終認為「物盡其用」比較重要。

既然人生有這麼多的選擇，在「捨」的過程裡，你會考量目前的時間、體力、精神，還顧得來嗎？你還想顧嗎？也就是說，你還想種花嗎？你還想彈鋼琴嗎？你還想要跟這麼多朋友聚會嗎？有些朋友的聚會，你已經覺得沒那麼有意思，或是不想參與，他們的話題你沒興趣，那就應該捨。買那麼多衣服，或是經常逛街，是不是這麼有趣？沒有，那就應該要捨，應該要放棄。

那麼，你經常會買的東西、經常在做的事情，是不是真的那麼有意思？

其實，這個問題很耐人尋味。在人生的某一個時間點，會有不一樣的決定。有些東西你會希望增加，有些東西則是捨棄掉。這是一件很真實的事，就是你應該「整理」——這就跟整理房間一樣，哪些衣服你想穿？哪些現在不穿了？有時候你胖了，有時候變瘦，有些衣服比較合時宜，或是過去訂做了很貴的衣物，但是你已經不再穿它了，那就應該捐給能夠用的人。至於那些東西有多貴？有多好？沒用到的，無論它再貴再好，都只是占空間。

有些人喜歡珍藏古董，家裡堆了一堆東西。對識貨的人來說，可能那些古董是無價之寶，但這些寶物的下場是怎樣呢？最後主人離世了，通常都被家人扔去垃圾場，或是當成舊物回收便宜賣掉。所以，只要那些沒有用到的，只要你覺得放在那邊就佔空間，最好能賣就賣，賣不出去就給一給，或是捐出去都好，這些東西我都贊成「捨」。

但是，「捨」並不代表都是那些你不喜歡、不想要的東西，或是一想到要遺棄就很悲傷，大可不必這樣。原則很簡單：你現在不想要繼續做的，你不想承擔的，譬如那些職位，你可以放給別人做，是不是？你想要的朋友，就繼續經營，可是經營不了的，就可以不要聯絡了。不是所有的電影都要看，所有的電視劇都一定要追，這些都是可以「捨」的。

至於智慧的問題，我認為丟個東西，沒必要這麼在意有沒有「智慧」。重要的是：丟了這東西之後，你的生活有比較開心嗎？有比較輕鬆嗎？

很多時候，把自己不需要的東西給出去了，拿的人高興得不得了，我們也會很開心、很舒服，因為多了很多的空間——要不然，鞋櫃那麼多鞋子，衣櫥那麼多衣服，冰箱的東西吃不完，廚房的鍋碗瓢盆一大堆，放在那兒都沒要用，要那麼多幹嘛咧？

◎「永齡長春」所強調的努力，並不是要強迫你去做那些自己沒辦法做到的事情。

我寧可東西少一點，用的著，也不要讓多餘的東西占空間。買東西要花錢，等到真正要派上用場的時候，通常又只用那幾樣東西，你是不是還要讓這樣的生活繼續過下去？

懂得「捨」的道理，其實是很快樂的。能給的盡量給，給出去就舒服了，能夠捨棄，人就輕鬆了。

不能割捨的人生，就是給自己找碴。通常人是這樣：一旦擁有過某個東西，你覺得它不錯，就會想把它留著。當你把它捨棄了之後，想要再次擁有它，其實也沒那麼困難；我們的時間、體力，應該拿去經營那些提升生活品質的事情，而不是放在你已經擁有，而且幾乎飽和的事情上。

你的心力應該放在拓展，而不是逐漸退縮。

你的生活應該更精簡，而不是變複雜。建議你把自己生活裡最喜歡的東西，擺在前面的順位，抓著不放；其它沒在順位裡的的，盡量不要再去留戀了，讓它走吧！讓它給別人去享用，這才是它最好的歸宿。

老年人在複雜的人際關係上，該如何做取捨？

人際關係的取捨，第一個重要的條件，取決於在你的「能量」——你有多少體力？你有多少興趣？這個是最關鍵的事。只要你有體力、有興趣，其實一點都不在乎忙碌或麻煩；很多時候，麻煩反而會是一種痛快。

人際關係的取捨，也是看你年輕的時候交友廣闊的程度。但關鍵還是體力——一個生病的人，沒有什麼人際關係可言。就算你交友廣闊，但是心情、體力不支的時候，都不會想見人，也不會希望親友看到你目前的樣子就算你沒病，但體力很差，講話常常上氣不接下氣，出門沒幾小時，你的精神就不行了，或者是沒有午睡，那天就完蛋了，當然在人際關係上，就沒辦法正常維持了。

我碰過一個我的遠親，她得了癌症之後，跟老公的交際生活全部變天——原本是夜夜笙歌，天天都要跑派對的人，但因為癌症做化療，頭髮也不對，心情也不對，生活型態就變成完全不出門。我有另外一個朋友的情形也很類似。他很喜歡跳舞，很喜歡出去玩，相識滿天下；但在生病之後，他誰都不想見。也就是說，要是生了病，

◎ 如何活得更久這件事，並不是本書探討的主要關鍵。可是，不管你活了多久，都必須能夠繼續成長下去。

「人際關係」這件事就由不得你來做決定。

既然說到「取捨」，就是牽涉到關係上的親疏遠近，還有你願意把時間留給誰的問題。有些交際應酬上的朋友，平常往來似乎沒什麼問題，但當你覺得體力、精神無法應付的時候，你就會自動推掉。也有些人只是朋友，但你跟他在一起很開心，跟他很有得聊，那你的「往來名單」上就會自動幫他留個位置。

這個取捨，並不一定是有什麼特殊的重要性，或是一定得跟誰或不跟誰。只要你有興趣的話，就會先保留下來，沒興趣跟這個人在一起的話，你就會自動先捨掉。所以，這並不是按照親戚朋友的順序照排，有時候你比較想先找某個朋友，而不願意見親戚，有時候你想跟一個知心的夥伴聊天，卻不想跟子女在一起，這都有可能。

所以，這都不是有一個標準來做取捨。真正的取捨，是看你個人的興趣，喜歡、不喜歡，舒服最重要。

那當然，有一些多年未見的親戚要來拜訪你，或許基於人情，你會不好意思拒絕，但也未必表示你很喜歡這種人情世故。我也有碰過一對老夫妻，幾乎斷絕所有的人際關係，就算你以前跟他交情很不錯，現在你刻意去找他，他也不會理你，一概謝絕。他不希望跟任何人有交情。

那你說，這樣的關係是否複雜？我認為一點都不複雜。「人際關係」這種事，你不想要的時候，什麼都沒有。當你想要的時候，就算再複雜，你也會感到樂趣無窮。當你認為這些「多餘的」人際關係，對你的生活並沒有幫助的情況之下，你不會說不好意思，因為你已經沒有那麼多的時間體力去應付了。

其實，人在年輕的時候，在人際關係上就應該很誠實，你要知道自己適合跟哪些人長久往來；你是什麼樣的個性、平常會做些什麼事情，等你老了之後也差不多，並沒有辦法去假裝、去諂媚、討好別人，花時間去搞這些不是你自己想做的事情，並不實際，最後也會累死自己，忙到頭來還是一場空。

當你老了，不想去拜訪人家、去搞這些複雜的人際關係，完完全全是你沒體力了；不然的話，其實你可能是會有興趣的。譬如那些政商名流，他們年紀大還是喜歡到處交際應酬，還是喜歡四處走動找人聊天，商務、旅遊都不曾間斷，要是有機會去外太空，他也會很有興趣——他是不是真的那麼有興趣，外人無法得知；但至少可以

◎在「永齡長春」的過程裡，有一個你正在「雕琢」的藝術品，那個作品就是你自己。

確定一件事：他的健康狀態不錯。

所以，我非常重視一個人的身體健康，以及心靈上的健康——你的想法很正面，很有品格，知道自己要幹什麼，有自己的原則，有自己的思想跟哲學，這是非常重要的。如果你沒有這樣的基礎，在人際關係上不管怎麼弄來弄去，到最後會有怨言，不滿足、覺得不值得等等，都不太有意思。

「做自己」這件事，年老或年輕都一樣。年輕時就要做自己，老了更需要做自己。老了之後會發生的事情，跟年輕的狀態是很有關係的，就像連續劇的劇本，要看前面的戲怎麼演，後面才有辦法繼續演下去。

那麼，老了之後，人際關係有沒有機會大幅的改善？那就得看一個人能夠承受多大的壓力與痛苦。你個人狀態的改變，肉體跟精神上的健康程度，還有生活上的穩定度，情緒管理，決定能否繼續維持跟眾人之間的關係。

幸福，是練出來的。生活要保持幸福美滿，需要從年輕時開始訓練。要是等到老了才要開始訓練，要達到「幸福美滿」這四個字的境界，幾乎是不可能的事情。那些我們看起來很讓人欽佩的老人家，可能他的成就，或是容貌、水準、舉手投足非一般人所能及，那些起碼都是四十年以上的功夫，才有辦法培養出這般的氣質跟能耐。這都是從年輕開始練的，跟年老的時候修練什麼，並沒有太直接的關係。如果你承受不了生活上遭遇的各種問題，在老年的時候，這些問題只會顯得更嚴重。

像我們的孩子，從七、八歲就開始讓他們體會到「老」是什麼感覺——長大以後，你不會擁有現在這麼健康、這麼柔軟的身體。你從小就應該知道怎麼照顧身體，知道怎麼養身，等到年紀慢慢增長，更該明白如何培養自己生存的能力，讓自己的體能、體質、思緒都更加完善。若在年輕時得到充分的訓練，就會減少這種「老了該怎麼辦」的困惑。

我們一直在講老年人的狀態。可是，老年人也有百百種，你不須要把自己當成什麼都不能做的老人，心態上要先設定正確。就算狀態不佳，你還是可以藉此檢視自己年輕時的成績到底如何，要怎麼去做身體跟心靈上的修復。最好的方法，是從今天開始拚命努力，所有過去你該修的、該調的，都應該想盡辦法去補回來，好好再拚個十年、二十年，應該還是會有成績的。

◎「永齡長春」更著重在精神領域上的探討，而且是會不斷地更新與探索。

給孩子或是給晚輩忠告，怎麼表達比較適當？

這個問題聽起來，很像是要一個標準答案。但是，我覺得這個世界上就是沒有標準答案，這跟人的情緒、個性有關係的。

人的狀態是不斷變化的，它不是電腦。如果是電腦，它就有個標準答案，按這個鍵會得到什麼，按那個鍵會出現什麼；如果你處理的是「物質」，像是椅子鬆了用哪個螺絲釘鎖上、燈泡壞了換哪個型號、申請沒過要補填什麼表格等等，這就有可能會有所謂的「標準答案」；但如果你是要給別人忠告，「標準答案」就會變得非常危險，完全沒有適當的「標準」。

對於忠告，這裡提供給你一些我在諮詢專業上的看法。

第一，你要看對方要不要聽。你要給人家忠告，目的是要幹什麼呢？是為了自己，還是為了對方？當然，一般人的想法，都會認為是為了對方著想，實際上說穿了，給忠告的出發點最後還是爲了自己，為什麼？因為是「你想給」，那是你的意圖，你的方向，你的想法。

至於怎樣才是「為對方」？今天是他來求你，或者是他想聽，或者是他問你，

他希望你給他一些意見，那你就可以講。但如果是你自己要給人家一些忠告，我是不太建議你做這種事！如果對方並不歡迎的話，無論你的出發點是什麼，好或不好，最後都是自討苦吃，更不用提什麼適當不適當的問題。如果對方沒有要接受的意思，就省了這份心意吧！

你有一片好意，固然很好，但前提是，你要搞清楚人家想不想要。如果對方不想聽，你硬要講，當然就不適當了。那如果是人家來請教你，他想要你給他一些忠告，那「適不適當」就是講話的藝術，看你的能力跟水準到哪裡。或許你有一些身分地位，有一些經驗可以分享，要不然，人家也不會來問你有什麼意見。如果你跟對方並沒有什麼特別好的交情，也沒什麼特別的關係，自然是不會有人來問你的。

那麼，如果人家主動來問，你自然要給對方一些回應，怎麼樣比較適當呢？那就要看你跟孩子或是這些晚輩的關係怎麼樣，也要了解他們的個性才能做出適當回應。

還有一種狀況你必須曉得：有些人表面上跟你來要忠告，可是心裡他想要聽幾分？這些你都要知道，不是忠告隨便給、隨便講的。話隨便講，還不如不講，沒什麼好處，最後都是不歡而散；或是你講了之後弄得很尷尬，這也有可能。

要給忠告之前，要做一些功課，要做一些溝通，老實講，挺麻煩的。要是你隨便給人意見，就沒什麼意義。真要給，那還真有得聊——可能先跟他聊個三次，才給他一個忠告。你就是來來回回，問他要幹什麼，事情的前因後果，到底這個事情怎麼樣處理會比較合理。

一般人可能會問你說：「我做這個生意，好不好？」「我娶這個女人，行嗎？」不管是感情問題，或者親子關係，或是換工作之類的，這些問題都不容易回答。譬如我要開顧問公司的時候，我也問過我爸爸，其實我的目的也不是要他給什麼忠告，我是跟他聊天時提到我要開公司。在那個時間點，我的年紀已經不小了。我爸說：「最好不要，你這個年紀才要下去拚？」我爸的意思是，四十多歲才要做這個事業，很危險，非常不容易，而且幾乎是整個生命都要投入，勸我不要這麼做。

我朋友也說過類似的話：「我都準備要退休了，你才要開始？」

因為那個時候，我所有的機會、時機才到位，簡單說就是比較晚熟。之後，我就開了公司，一直到了今天。所以，一切都很難講。苦不苦？很苦。累不累？相當累。

◎ 夢想並不是一個終點，而是一個方向。

但你問我值不值得？開不開心？我心中的答案未必是跟你一樣，但我從來沒有後悔過。

這個問題既然提到「適當」，那就要配合對方。可是，若你要忠於自己的想法，那就照你的意思，把你的意見給對方知道。至於人家聽不聽？我爸爸照他的意思給我忠告，我也沒什麼好聽不聽的。我只知道，爸爸不希望我開公司，因為太累、太操勞了，勝算又太低，幾乎不會成功，哈哈！

爸爸跟我說：「我光是看你的行程就覺得頭痛，幾乎要發瘋。」這就是他要給我的忠告，但不是我個人的決定。那這樣的忠告是否適當呢？老實說，不是很重要嘛！

譬如說，有年輕人問你：「要不要買房子？」這種問題就很麻煩啦！有的人會說「買房子是人生必備大事！人活一輩子，怎麼可以沒有自己的住處？」

但也有人會說：「現在房價那麼貴，你千萬不要去買房子，半輩子都被房貸套牢；應該把資源用在對自己更有利的地方！」

「房子不好賣，到時候搬不了，要養房又相當貴，用租的就好了！」

見仁見智。你可能說要買，也有可能說不要買，不管哪一個答案都沒有對錯，有時候會有代溝的問題。這個忠告，到底有沒有幫助到這個年輕人，他可能是你的晚輩，或者是孩子，或者是伴侶？這是非常非常大的問號。忠告或許是很真誠，但在忠告之後，這些意見適當嗎？有用嗎？合宜嗎？對他的人生有幫助嗎？會讓他開心嗎？會讓他成功嗎？我認為完全不相干。我想，你還是不要破壞感情比較好。

你想要給人家忠告，要問問人家要不要聽。就算你給了意見，人家不去執行，你也千萬不要生氣。忠告不是很重要，聊聊天就行了。你給人家講講心聲的機會，你不管講了什麼，也是當個聊天，不要太認真。千萬不要一直希望對方改變，甚至於去影響別人。年紀大的人，就一直覺得自己吃的鹽比人家吃的飯多，然後就要對方聽話，叫人家幹些什麼。這個動作對彼此的關係沒有真正的好處，對年輕人、晚輩的負面影響也很大。

所以，關於「適當」的忠告，輕鬆聊聊天就行了，開心比較重要吧。如果對方不想要聽，不管你說什麼都沒有用的。

◎夢想是給你一個前進的方向，然後，你要做的事就是一直突破，一直地往前走。

長期錯誤使用身體某部位造成的傷害，會對其他位置有何影響？

這是一個不正確使用的問題。

譬如說，你平常有一個小小的動作，像是走路過度的外八或內八，或是肌肉使用上的錯誤，站立時額頭位置太過於前，或是收起下顎不夠正確等等。乍看之下，這些都是很不起眼的小事情，最後會變得怎樣呢？

這個錯誤的動作所造成的傷害，除了動作本身的「不完美」之外，它的影響是差之毫釐，失之千里，這些累積的問題不一定會在一、兩年內被發現，有可能五年、十年還察覺不到，到了二十年、三十年才會出現症狀。當這個症狀出現的時候，會有一種拉不回來、無法恢復正常的情況。

長期錯誤的使用，最可怕就在於「累積」，像是岩石風化，不是一兩天或一兩年的事，而是二、三十年的累積。如果是肌肉，如果是受到正確的訓練方式，長得好，就可以一直使用下去；要是它被錯誤使用，沒長好，等到年紀大了，也沒辦法改回來了——幾乎可以用「殘障」來形容，而且沒有辦法修復。

所以，長期錯誤使用所造成的問題，你得要花很長、很長的時間去修復，才勉強

有機會改回來。儘管如此，我還是會告訴你：這還是值得你去投資，值得你去改變！我會如此建議的原因是：如果你繼續做那些不正確的動作，不是放著不管就沒事了！到了最後，會有很多衍生出來的問題，那些看起來「沒怎樣」卻是錯誤的動作，會造成「牽一髮而動全身」的影響——意思是，只要有一點點的不正確，便會造成其它部位的損傷。

譬如說：你平常在使用電腦時，習慣頭歪一邊，長期下來，就會造成肩頸壓力不平均的問題。當你有肩頸的問題，又可能會牽動到脊椎的問題，有些時候，甚至會影響到腳不能平衡的站立。

譬如你站立時，會有前傾的習慣，大拇趾的受力不平均，受傷的機會比較大，影響到走路不平衡。要是走路不平衡，連帶腰椎也會受到影響。牽連到後面，也可能穿鞋時會不舒服，或是腳踝、膝蓋出現病變等等。

哪天你發現自己有肩頸痛的毛病，很有可能調理到根源才恍然發現，竟然要改變自己的髖關節或是腰椎，這些是你完全意料不到的牽連關係。像這種長期錯誤使用的影響，它不是只有體現在局部的問題上，畢竟每個人的項目統統不一樣，細節很多，追根究柢之後常會讓人非常驚訝，只要有一點點小地方歪掉，後面一直牽連到全身的運作，甚至於五臟六腑、腸胃的問題都有可能，影響範圍遠遠超出一般人想像。

這裡要講的重點是：你要知道全身「連結」的重要性。這個連結，其實並不難想像，生活中幾乎所有的事情都會有連結。

譬如運動。你要把一項運動發揮到極致，仰賴的不是只有體力好，也不是只靠腦力，也不是只有精神，還要有很多的經驗，很多的基本功訓練，是考驗整體的運作及各項目結合的程度。一個人想要成為出色的籃球員，不是只要會投籃就可以了，沒那麼簡單！你要會跑，要會跳，你要會運球，還要懂得怎麼跟其他人合作，要知道整體的戰略，也要知道每一場比賽的戰術，還要有經驗，知道怎麼樣觀察情勢，判斷當下的情況……有很多細節要注意嘛！

再以雙人舞為例，你體力很好，但是音感不好，節拍跟不上，怎麼可能把舞跳好？就算你有很出色的協調性，但跟別人一起跳的感覺，又會是怎樣？你讓別人舒

◎會限制人生的「框框」，都是從過去的教育學來的，還有個人的懶惰。換句話說，這也是自己造就的問題。

不舒服？這當中都有很多的細節必須考量。

那個錯誤一開始影響最明顯的對象，一定是你自己，但後面牽連到其他的問題，都跟你有關聯。當我們在思考一件事的長期規劃，都要盡所能地做到全面的觀照，因為前面的連結，會造成後面有沒有辦法連接。如果長期錯誤使用，影響範圍會超出想像，大大地影響你跟別人的關係，影響你的思維，影響你的表情，影響你的情緒……這些都非常複雜，難以計算。同理，不難想像基本功好的人有多麼吃香！他就是姿勢正確，就是儀態優良，看上去就是好看，而且他不會累，不會生病。

為什麼這些小細節很值得研究？就是因為正確與錯誤使用所造成的影響，你真的很難像後面牽連有多廣，人生的結果會有多大的差異。

我們都有錯誤使用的這些事情，怎麼去察覺？又該如何去面對它？

其實，要察覺這些問題並不難，前提是一開始用「正確」的方式去學或練習，就會察覺到哪裡不正確。以走路為例。當你知道正確的走路姿勢，去學習該怎麼走路的時候，就會發現：「哎呀！這裡怎麼這麼酸哪？」

「這樣會受不了啦！」

你平常習慣走路外八，現在要求你兩腳走平行，就會很難受，要求你的手要自然擺動，會擺不了。這些都是很容易去察覺錯誤動作的地方。

不管是學跳舞、學打拳或是任何一項運動，一開始都會學到基本功。譬如學運球，會有正確的基本動作。一開始你會感覺到有哪個部位不舒服，或者是有的動作做不到。這些基本功、基本動作，正是這個項目的礎石。那你慢慢練，就會把你較弱的部位強化，把習慣的錯誤動作改正過來。

為什麼我們常聽到：「開始，就要正確地學好。」

「基礎要打好。」

◎學如逆水行舟，不進則退。人生也完全是一樣的道理。

「學會正確的基本功，一輩子都吃香。」類似這些的智慧話語。

在做正確的動作過程中，你會一直去思考該怎麼糾正。譬如站功，站久了，就會覺得頭太仰或太往下低。譬如平常看手機，手是擺怎樣的姿勢？肩膀又是怎樣的姿勢？如果不是正確的，那也很容易察覺，因為你一定會感到不舒服啊！

至於要怎麼面對？就看你要不要改。如果真的想要改，就會去面對它，而且你會很清楚，再這樣做一定會傷到自己。千萬別以為「傷到自己」只是你一個人的事——傷到自己的話，最後也會傷到別人喔！以這樣的觀念，你應該要思考的是：這個小問題，值不值得我去改？因為久了之後，不是脖子痠就是肩膀痛，五十肩……反正十年、二十年、三十年後，那些不舒服全都會反彈回到你身上。

我們運用中醫所講到的「調、練、補」，一方面是讓未來活得更好，另一方面是修補過去那些不正確的錯誤，要不然之後總是要付出代價。如果你還年輕，奉勸你盡量花時間去改正那些錯誤，因為你還有體力、有時間，慢慢去做，還是很有機會的。要是等到老了才想要改，非常辛苦，有時候甚至沒辦法回頭了，讓人覺得滿無奈的。

我有很多事情，是從年紀比較大的時候才開始改的，因為等到年紀大時才知道什麼是正確的，也深刻體會有必要修正，要求自己去練習、去調整，其實感覺也不錯啊！我在慢慢地練習、調整的過程當中，進步成長讓我很快樂，覺得未來很有希望，這是一種修為、責任感及自信的培養。

人，畢竟是一個精神個體，可以從精神上改變。我們的細胞、肌肉與神經的生長，只要沒有開刀切除或遭到嚴重破壞，身體的自體修復是可以信賴的。只要你有耐心，花個兩年到十年，還是很有機會補回來，損壞的部分可以重新長出來，錯誤的動作可以讓它變得正確，可以有新的系統、新的細胞、新的機會，值得每個人去勇敢面對。或許過程會很漫長，或許無法恢復到百分之百，但是那種「越來越好」的感覺，實在叫人難以自拔，哪怕只是進步了百分之十？要是多了百分之三十，你的人生豈不是太痛快了！

◎「進步成長」跟「努力」要到什麼程度，是靠你自己去規劃的。

從「永齡長春」的角度，修復過去的傷，意義何在？

我覺得意義很重大，而且很美好。想要修復這個傷的態度，是「永齡長春」非常重要的一個目標。如果你年紀很大，已經退休了，沒什麼事幹，好好養身體也是一件很快樂的事情。你也可以把它視為一個夢想、一個目標、一個計畫，無論目標或大或小，都讓人感到愉快、有意義。

永齡長春是一種「藝術」。從「藝術」的角度來看，一定要精益求精；所以動作要正確、要自然、要放鬆，而且要一直持續。如果不是很正確，生活就會卡卡的。

這有點像是「生態池」的概念，它自己有一個生物鏈，生生不息。那個水池可以提供水草營養，可以長出很好的生物，生物可以一代一代不停地繁衍下去。你可以試著把自己的健康變成生態池的狀態，而不是卡在那邊沒辦法前進。要是你一直有那種狀態好不了的感覺，最後覺得沒路走了，就像在等死一樣。

講到「精益求精」，並不是要求你每次都一定要咬牙切齒、撐過難關，而是很自然的穿越這些障礙，就像一棵樹的成長，經歷十年、百年、千年，沒有什麼完不完善的問題，而是一直發展，一直活下去。

「永齡長春」的健康目標，是一直在修復、一直在增加、一直在改變。這些事情要做到好，其實就是基本功的問題。我們希望越來越好，活得越來越美。

關於會提到自然的修復，或是面對過去的那些錯誤，是因為要找到「對」的方向。譬如：我要經營哪一種藝術，可以走得更遠？我要挑選怎樣的運動？諸如此類。講到這些在挑選的項目，通常第一時間會考量的，是「天份」。

所謂的「天份」，就是明白自己身上有什麼「料」，適合花時間去培養。「永齡長春」是時間累積所創造的藝術。我們花時間是在創造出一個「高質感」的藝術品，那個藝術品就是你自己。如果把時間花下去了，卻培養出錯誤的產品，那目的是在幹嘛？

譬如你要做一件漂亮的衣服，第一件事情就是「選料」——用什麼材質的布料？這個條件非常重要。如果一開始選的材料就不對，後面做出來的產品質感不可能會好。如果挑了一個不好的布料，就算衣服的做工、剪裁再優秀，穿起來就是感覺奇怪，不舒服、不透氣，和皮膚接觸時，馬上可以感受到沒那麼出色的質感。

「永齡長春」有一個很簡單的概念：把自己的身、心、靈，用「調、練、補」

的方式達到最理想的狀態，就是為了把生命最基本的材、料、質，弄到最好。只要你把自己的身心靈狀態搞好了，不管後面要做什麼事情，都會事半功倍，如魚得水，至少面對問題不會難受，可以正確、自然的生活，以及維持自己與環境之間的關係，輕鬆自在，多了非常多的享受，生活品質也會自然提升。

我們之所以挑選有機食物來吃，理由是這些菜是最好的，這些食物是新鮮的，不管你怎樣煎炒煮炸，它都會很好吃。或者是說，這些食物本身的營養就很足夠，所以沒必要花太多心思去做一些額外的烹調處理，只要選對了食材，對你的身體或健康都是最好的。

你的身心靈狀態，就是能讓人生美好的「材質」。「材質」好不好，是很重要的關鍵。今天你選擇去修這個傷，目的就是為了把這個「材質」弄好。我們一直不斷地在選材、選料、培養質感，就是把身心靈的「傷」清理乾淨。當那些傷修復了之後，後面再去做任何你想要做的事情，呈現出來的狀態才會好。要不然，就會有點像是把油漆塗在一個凹凸不平的牆壁上，上漆的效果不會好。在裝潢時，如果要貼地毯

◎並不是大家都需要用一樣的模式去「進步成長」跟「努力」，人生並不是比賽。

之前，一定會把地板上的髒東西給清乾淨。臉要上妝之前，一定會先把臉洗乾淨。要是把化妝品塗在髒的臉上，就算用再好的粉底，有再好的技術，這個妝都不會好看。不難想像，一個不健康的身體，做事、運動、工作會有多麼不方便，成功率當然會打折扣，是嗎？

「永齡長春」還有很多環環相扣的細節，都是很講究的。以穿衣服來說，要是身材不好，不管再怎麼挑漂亮的衣服來穿，就是不會很好看。然而只是身材好也是沒有用的，把身材練好了，姿勢也要正確，再穿上好看的衣服，有完整的配套，才會展現出真正的美。這樣的講究，關鍵還是要回到最底層的基本功：材料要好，質感才會出得來。

你所做的一切努力，就是為了建造一個更好的「材質」。有了好的材質之後，再去講求基本的生態——不是複雜的生存方式，而是很自然、很完善、最簡單的循環狀態；不必特意要幹些什麼，不需要矯柔做作，畫蛇添足；就像陽光灑在肩膀上，你不會覺得它很費力，它就是很自然的處在那邊，很輕鬆，也讓你很自在，而且你知道它的狀態非常好，生生不息。你可以在那邊展現出特別的高尚與優雅，但是毫不費力。

我希望一個人從頭髮、鼻子、眼睛、皮膚、身材、身段、氣質、走路、行為，無論是身體或心靈都不需要累積很多的錯誤，而且那些傷痛、難受都可以彌補。我們所做的「調、練、補」，都是朝著「連結」的概念邁進——能夠連結的範圍越大，最後的成品就會越完善。當你看到一個完成的雕刻品，它可能會有好幾個物件組成，感覺是一體的，不會讓人感覺不舒服，或是某個地方很突兀，很不平整。

不過，我們並不是刻意去追求所謂的「完美」。就像你看一片樹林，每棵樹、每片葉子都不一樣，如果那些樹沒有生病，當你看到葉子油油綠綠，你知道它營養飽滿、顏色豐潤，那種感覺就是很自然，你會覺得它很漂亮。「永齡長春」就是這樣的一個概念，它就是在那邊綻放生命力，在那邊散發優雅的氣息。

「永齡長春」是在物質上增添精神的境界，跟我們的情緒、情感、精神、思維融為一體。過去的「傷」，會拖累你的身體跟思想，如果能夠藉由「調練補」修復回來，就不會讓你的人生「卡住」，你真實的年齡到底是幾歲，也不是很重要。你就是看

◎努力，是為了讓未來變得更好。

起來健健康康，你可以隨心所欲的動，不一定要很快，慢，也可以很美啊！就像花豹在草原上奔跑很有力與美；猴子在樹上吃香蕉也很可愛；雁子可以在空中盡情地展翅飛翔；鯉魚在水中悠游也非常自在。怎樣都好，動靜皆宜。

有一天，我在田間看到一頭水牛，鬍鬚很長，看起來年紀相當老了，但給人的感覺還是很優雅。不管周圍環境發生什麼事，牠還是處之泰然，很享受牠的空間，活得非常自在。這就是永齡長春的概念。但是，這景象還不足以形容，因為永齡長春的「靈氣」，是「人」才會有。

你所見到的大師級人物，氣質就是很完美，隨便擺一個動作都很漂亮，一出手給人的感覺是瀟灑的，呈現出一種高質感的氣質、風範。為什麼大眾會去追求那種彷彿仙境裡才會存在的美女？為什麼會去欣賞那樣的藝術？為什麼去看那樣的電影？那種心態，都顯示出「永齡長春」所要追求的美感——無論用哪一種形容詞去描述，它就是很美，可是不矯柔造作。

「永齡長春」並不代表永遠不會凋零，永遠都不會受傷，這是不可能的事。「傷」是人生不可避免的一部份。你知道自己有傷，所以修復的動作也一定要有，在這個過程裡面，你會知道自己是不斷進步成長的狀態。如果代謝的過程中，你不去練，不去調整，也一直都不去補，那些過去累積的「傷」，無論是身體的傷還是心靈的傷，就會影響你一輩子。

跟大自然一樣，人也不斷地在新陳代謝，春夏秋冬，花開花落，這些都是「永齡長春」的一部份，你不可能永遠都處在盛夏，永遠都是春暖花開——你何時見過花開之後，永遠都不凋萎的？花一定要謝了，才能再開；一定要有冬眠，春天回暖再出來，過程裡都有汰換修復，都有「調練補」的銜接——精神、身體都要有修復的時間，一直在生生不息的狀態裡，不斷代謝不好的東西，不知不覺中把自己轉換到更好的層次，這是一個美麗的過程，是意義非凡的經驗。這便是「永齡長春」的精神境界。

◎「進步成長」是我所知道的一個方法，可以讓你去追求人生至高無上的快樂。

回顧過往的人生，並不盡人意，要如何跟自己的不如意和解？

這牽涉到你個人的價值觀，以及品格問題。

我們當然是希望每個走在這條路上的朋友，不要後悔於過去。如果你在目前的生活有很認真的進步成長，就不會有這樣的問題。只要你進步成長，就可以把過去的問題化解開，也可以跟以前的不愉快真正的和解。除了放下之外，你還可以創造更喜歡的現實生活，有機會讓自己活得更開心。

最大的問題是：你不願意「進步成長」。那麼，你就會一直回顧，在想過去的事，覺得很後悔，很難受，很不盡人意；更簡單地說，就是你很不開心，又不願意突破跟改進，就只能一直沉浸在那些傷心難過的情緒裡頭。那你得要知道，你走不過這件事，過不去的人不是只有你一個人而已，還包括那些過去沒處理好的人事物，甚至影響到目前所有跟你在一起生活的人，也全都會過不去，但你就是一直沒辦法去和解這件事情。

這是人生的無奈。不是每件事情都有辦法解決的，特別是有些人你已經找不到了，有些事情已經無法挽回了。如果你不願意進步成長，不願意創造新的未來，就

我愛，故我在

只能一直後悔、傷心。為什麼我會一直提倡：人要從年輕開始一直進步成長，不要退休，一直進步下去？就是爲了突破這種困境，你不要一直陷在過去裡打轉，沒有其他的紓困方法。

講了這麼多次，答案還是只有一個：進步成長。

如果不進步成長，你的這些「不盡人意」跟「不舒服」，永遠都沒有解，你的心情到進棺材都會是這樣，改不了。所以，趁你年輕、還有體力的時候，還是不要偷懶，還是快一點讓自己進步成長，會比較開心，人生盡量地努力向前走，不要往後看。

在身體機能逐漸走下坡的階段，要如何建立自己獨立的心態與能力？

人活到了一個階段，身體機能就會完全走下坡了。那你要建立自己獨立的心態跟能力，可以自己行動，還可以自己照顧自己，但要怎麼樣去建立這些呢？

在國外，很多老人不管去哪裡都是自己開車，沒有什麼奇怪。那當然，你的視力或是駕駛相關的條件，都要符合政府規定的標準，否則就不會發執照給你。我有見過那種八十歲還是天天游泳，無論寒暑，也有人一百歲了，天天煮飯，這種人確實存在，精神很值得敬佩。

關於這個問題，我覺得最重要的是：不是等到老了之後，才想要幹什麼。走下坡，是每個人都會走的路，無論你有多麼努力維持，時間到了，自然就會慢慢走下坡。但是在走下坡之前，你有沒有準備好要走這段路？你有沒有決心，要一直不放棄地活到老，學到老？建立獨立的心態，是在面臨老之前就要準備的事，而不是你早就打定主意，老了要靠別人活下去。這是在心靈上的一種設定。

至於能力呢，是你身體上的機能，這些是要花時間培養的。譬如眼睛要看得見，

◎健康會影響到外貌，同樣的，外貌也會影響到健康，兩者是一體的表裡關係。

膝蓋要能走，牙齒要咬得動等等，如果你真的不行，那只好去養老院，或是特別請看護照顧你，甚至幫你換尿布、洗澡、弄吃的，社會上有很多這樣的例子，幫助沒有辦法獨立的老人——或許是心態上無法獨立，或許是能力不足，就只能靠別人幫忙，這也沒有什麼奇怪。

既然走下坡是必然的，建立獨立心態的前提是：你想不想要被訓練？

像我自己的爸爸，就非常討厭被訓練。他的想法就是「讓別人幫」就好。那麼，他到底可不可以自己做到呢？沒人知道，反正他就是很討厭自己來。既然他不想做，那其他人也沒辦法啊！他不要自己洗澡，不願意自己走路，你就只好找人幫他。

所以，他的生活到底有多痛苦？我們也沒辦法明白，每個人都不一樣。明明好手好腳的，要不要動？要不要練？想不想站起來自己走？能不要麻煩別人嗎？這就是心態上的問題。有人就願意走一走，有人就坐在輪椅上就好，反正他就是不願意動，寧願讓別人來推。這就是一種心態。

我見過這麼多的人，做過這麼多的研究，那他到底能不能走？其實，「心」還是最重要的關鍵，獨立的心態要提早開始準備。不是有一天突然跌下去了，或者是狀態不好了才想要自己獨立，為時已晚。年輕時就有獨立的心態，每次發生狀況的時候，你會去做一些處理，做一些改變跟突破，然後不斷的訓練自己變得更強壯。

我有個朋友的爸爸，年紀超過一百歲了，還是去參加專門舉辦給老人的奧運比賽。為了參賽，他每個禮拜要請教練訓練兩到三次，他不希望比賽會輸掉，我覺得這是一個很好的例子。

我就問他：「你爸不會腳痛嗎？不會膝蓋痛嗎？」他說：「當然會痛啊！年輕人訓練都會痛，何況是老人家？」可是，他爸爸就是一邊挨著痛，一邊接受訓練，最後去比賽還得到不錯的名次。有一次，他參加了比賽卻沒得比，因為他已經高齡一百零四歲，在那個範圍沒有其他的對手參賽，難免心情上感到有點失落。

探討了這麼多，就是看到這種「獨立心態」有人要建立，有人卻完全不想要。像我爸爸就是完全的懶，他就是寧願不要動。我朋友的爸爸年紀比別人大，還有本事去參加奧運比賽，在心態上完全不同，人生的結果也不一樣。為了要參賽，每個

◎要是你連自己的狀態都不清楚，就是一個最大的無知——無知，會是人生中很嚴重的問題。

禮拜還是去訓練，有了目標就會有毅力，不管在心態上或能力上，他都會想辦法讓自己可以應付。這豈不是相當不得了的「永齡長春」嗎？

但相對的，我也見過很多人，大概只有六、七十歲，坐在家裡就不動了，甚至連看電視也沒辦法，他對於未來幾乎是已經放棄了。同樣是人，竟然會有這麼大的差異！這完全是你自己有沒有持續訓練，而且不放棄的去做這些事情。這也牽涉到個人的意願，你是否給自己設定這樣的方向，一輩子努力經營下去？你去看那些大師級的人物，人家為什麼這麼老了，還是有這樣的氣色？擁有那樣的姿態？保有那樣的優雅？

羅馬不是一天造成的。這都不是一天兩天的事，是人家非常非常努力，非常非常拚命，用五十年甚至八十年的歲月換來的！無論年紀多大，我們也一樣可以好好學習，從現在開始還來得及。一起加油吧！

遇到不開心的事情，越想越生氣，怎麼辦？

我們總是會遇到不愉快的事情。遇到這種事情，是不是只能越來越生氣？其實，這得看你自己面對的心態，怎麼去正面的思考，想好處、換個角度想結果，你就會比較能透一口氣。

另外一個辦法，就是去想更嚴重的事情，看看是否會更生氣？看看更糟糕的狀況，該怎麼辦？把時間想得更長久一點，三年之後，會怎麼樣？十年以後，又會怎麼樣？要是真的這麼生氣的話，該怎麼處理，後面才不會繼續下去？你得常常在腦袋裡運作這些事情。

我個人比較喜歡的方法是正面思考，把事情想通、想透，想到自己哈哈大笑。當然，也有些時候是根本笑不出來的，過一段時間之後，再用各種方法來看不同面相，看看這裡面所有的人、事、物的變動跟結果。慢慢的，就比較不會那麼生氣。

很多事情，我也是這樣經歷過，模擬它種種的可能，好像下棋的沙盤推演；想多了，想到通了，就覺得也沒有那麼嚴重，就是去找出問題根源，找到自己可以進

◎一門技術到底有沒有用，完全是看「誰」在用。

步的地方，找到為什麼自己會這麼生氣的理由，到底是哪裡想不通？哪裡胸襟不夠？哪種才華不夠？還是能力不足？當自己進步了，能力增加了，就不會那麼生氣。

一般來說，進步自己是最實際的解決方法——增加自己的能力，去看自己的不足。當你能進步，尤其是看到自己的弱點，看到自己不認輸，但又表現的很笨拙、很醜陋，或是因為自己不夠能幹，做了很多事情是負面的，不登大雅之堂的，或是心裡那些很邪惡的出發點……越是發現自己越多的問題，心中那股氣就越少。

生氣時，你最不該做的事，就是把時間、體力、精神、權力，全都拿去責怪別人。應該拿回自己的主導權，想想自己怎麼這麼無能，還可以做些什麼，想辦法讓事情變得更好。我覺得這才是負責任的態度，也讓自己有機會不斷地學習。

938

Soundcraft

[第四章]

越老越有價值，是一種本事

動：如何控制，及了解能量

這個章節，我們會提到「動」的思維。

在一般的想法裡，似乎都會很直覺地認為「動」是好事，要活，就是要動。問題是，你該怎麼動？別人「動」的方法，適合你嗎？

以時間上來說，多數人的心態就像這樣：「還要怎麼動？動一動就好了啦！」

這樣的「動」法，當然是好過完全沒在動。可是，你並沒有認真思考這樣的「動」，對自己是否有幫助？沒有注意身體能不能接受，也沒有用心去感受自己有沒有進步；那最後的結果，就會有很大的差別。

這裡提到的「注意」跟「用心」，並非要求你得特別下功夫去研究、去鑽研箇中的技巧。沒錯，關於運動，它確實是一門相當科學的項目，既然提到科學，就會牽涉到很多專業的細節，但是我們不必咬文嚼字地探討過多深奧的理論。

在「永齡長春」的概念當中，「動」只是一個很簡單的心態，是一個大方向。至於當中的小細節，不像是專業運動這麼地嚴格要求，也不是說非得怎麼樣不可。

如果換一種方式來說，對於「動」這個字，我個人比較喜歡的解釋是：不是要你成為世界冠軍或職業選手，我們著重的是生活的感覺，跟自己所期待的需求，日子如何過，會比較順心如意。所以，一般人心裡的「想要」會比較生活化，也實際許多。這是我比較傾向的方式。

舉個實例來看。如果要運動，不會要求一定要練出個八塊肌、六塊肌。對我來說，那樣的體態確實很好，能有這樣的身型，感覺很痛快。在年輕的時候，我確實也喜歡把自己練成這樣。但你得要曉得，練出漂亮的腹肌線條，並沒什麼好得意的，如果這是你喜歡、想要追求的目標，我覺得也很不錯。不管是拿來炫耀還是自己覺得爽，都行；反正你喜歡，就盡量去執行，因為這符合個人的需求，還有你的「心」——練出了腹肌之後就覺得順心如意，這對你而言是非常好的事。

我個人比較傾向的方式是：走路就好。以走路做為「動」的方式，是比較極端的比喻，因為我比較強調「動」必須能夠融入生活。或者，不需要很拚命地去比賽，做運動型的比賽選手；我比較重視的是可以長久經營下去，在從事「動」的過程中，不要受到嚴重傷害。

◎中醫裡「調、練、補」三位一體的相互影響，是一個鐵三角的概念，缺一不可。

但是，如果你很年輕，想要去參加比賽，甚至去當職業選手，這也是非常有意義的選擇。當你要往專業運動員的方向去訓練，就得要更注意別讓自己受傷，怎樣的訓練與養護，能夠讓你的職業生涯更長久。這就像一棵樹在成長時，既要往下紮根，也要往上長葉子，兩邊都要雙管齊下，一起進步。

現在講到的「動」，並不是要求拚命練。不管做什麼運動，一定會遇到自己的瓶頸，心態上需要可以做到把吃苦當吃補，以苦為樂地堅持下去，即使遇到很多挫折，還是能自得其樂的心態。

另外一種概念是，這種「動」的型態是可以長久經營的，因為「永齡長春」更著重的是養身，不見得是要追求「長壽」，這一點在心態的設定上很重要。「永齡」的概念就是一直創造，不只是單單活著而已，還必須不斷地延展。所以，「動」必須能夠持之以恆，讓自己在一個良好的狀態下持續運轉，這才是我們所追求的生活方向。

我常會說，自己是一個胸無大志的人，不過，我能從生活中獲得喜樂的那份「心」，還是相當強烈的。我認為，這個心態非常重要。雖然這些訓練並不會讓我成為世界冠軍，但這麼多年下來，我為自己所創造的成績引以為傲，也為自己的進步感到無比光榮、無限幸福。

那麼，該怎樣去「控制」及了解「能量」呢？

控制，就是在「動」上頭所提到的心態——要保持自己的動感。以開車來說，就是不要讓車子熄火，不要常常加速、踩煞車，加速、踩煞車，這樣車子會很快壞掉，而且增加輪胎的耗損，很快就要換輪胎。你應該需要重視的是：讓自己的速度保持一種常態。

這個「動感」可以稍微快一點，或是稍微慢一點也沒關係，但就是保持運作的常態。不需要很劇烈，很猛，或是一直踩剎車，弄得緊張兮兮。

開過車子的人會知道，在高速公路比較少遇到停停走走的狀況，油耗的狀態會比較節省。如果是在城市裡面，因為紅綠燈多，等車的機會頻繁，油耗的比率會比較高，前後兩者會相差不少的公里數。一般通常避免不了在城市裡開車，但就算是這樣，開車的習慣如果不好，常常走走停停、猛踩油門或急停煞車，車子就會比較容易損壞。

◎你的健康不是醫師的責任，也不是父母、另一半的責任，完全是你自己需要下功夫去研究的學問。

一般公用的車子會不會常出問題，看開車者的習慣就會明白。如果最頻繁駕駛的那個人習慣不佳，把車子任意地耗損，使用壽命自然就會比一般車子來得短。要是把身體當成車子來看，這種比喻應該能夠讓你明白，健康也需要適當的控制。

另外一種控制，就是你會慢慢地踩油門，讓行進速度保持在一個範圍；減速也是慢慢地放開油門，逐漸地減速，不必特別需要猛踩煞車，不會磨損煞車皮。如果你把車子停了下來，再猛踩油門重新加速，踩踩停停，會增加很多汽油的損耗量。

那麼，油量的損耗過多，會有什麼問題呢？

以我們的身體來看，就是耗掉元氣、耗掉精神，精氣神會有很大的震盪，造成很大的損失。以吃維他命的概念來講，就是你有吃維他命，但沒有用到正常的生產上，全部耗在這些「不良的控制」。你一下猛踩油門，一下踩煞車，弄來弄去，車子很快就沒油了；把車子換成身體，精神體力很快就用完了，元氣耗盡了。

所謂「良好的控制」，就是不要常常去做一些「反常」的動作。

譬如在高速公路開車的時候，我常常發現有些朋友喜歡一直換車道，切過來又切回去，似乎無法忍受有別的車子擋在他前面。這樣到底有沒有比較快？除非真的遇到緊急狀況，像警匪動作片裡被人追殺，差幾秒就會要了性命，那種時候就得真的要拚速度了。但是，平常生活應該沒有需要那樣拚命吧？要是平常開車就像警匪片那樣拼命超車，會比較快到達目的地嗎？不見得，但肯定把你吃的維他命全部燒掉了，精氣神全部都榨乾了，搞不好還接到罰單、中途出了車禍，得不償失。

以我自己的經驗來說，在美國一、兩小時的通勤時間，如果交通狀況一路無阻，你想要像電影那樣飆車，時間確實有可能差到十至十五分鐘。要是交通阻塞，不管怎麼飆車，怎麼換車道，怎樣鑽來鑽去、橫衝直撞，幾乎都快不了兩三分鐘。

你捫心自問：可有需要橫衝直撞、飆過來、飆過去，就只為了爭取那兩三分鐘？表現上似乎賺了那點時間，其實自己差點心臟病發，稍微喘一下，等到心情舒緩下來，花的時間也差不多。如果是輕輕鬆鬆的開車，到了目的地很舒服，就不需要那些時間去調整心情。這樣的狀態就是良好的控制，也包括了解能量的運用。

我在年輕時，非常討厭聽到有人提到所謂的「中庸之道」——做事情為什麼不做到極致呢？為什麼不拚到底呢？既然要衝，油門就是踩到底嘛！這樣才刺激嘛！

◎「永齡長春」的投資回報非常大，而且生活裡會增加很多的樂趣跟感動。

但是，年紀到了四十歲左右，發現一天到晚橫衝直撞，長年累月造成的大量耗損，對身心狀態是很不健康的。

要是你常常把整個精神狀態緊繃到一個幾乎要爆炸的程度，然後再想辦法把它緩和下來，所達到的效益也不過是那麼一點點。問題是，每天橫衝直撞的磨損，再加上那些不需要耗費的能量，後面還要把不舒服的負面情緒代謝掉，長期累積的耗損量，其實遠遠超出你所得到的部分。

有些時候，你聽到有人突然過勞暴斃，或是怎麼某一天突然一夜髮白？你得曉得，那種事情都不是一夕之間會發生的意外，起碼都是二十年左右的耗損累積。

路，想要走得更長遠一點，就不需要把自己搞得過度操勞。可是，生活還是可以過得很刺激，還是可以選擇精彩有趣的日子。刺激，不代表只有衝撞，那種衝撞跟比賽或遊戲的刺激感是不一樣的。只要你是有意識的在控制「動」，你選擇讓自己動，那個感覺是非常開心的。心情的喜悅、舒適，將會影響到能量的品質。

現在很多人都有這種概念：少坐捷運或公車，提早一兩站下車，然後把這一兩站的時間用來走路。與其坐在車子裡面不動，還不如選擇提早下車，讓身體動一動；

光是這樣，一年下來就差很多了。雖然不見得能瘦個五公斤，但至少不會多長一兩公斤的肉，已經很不錯了。

上了年紀的人，如果不太去改變「動」跟「飲食」的習慣，大概五到十年，會胖個三到五公斤。當然，身材能夠一直保持下去的人，他的自律程度是值得嘉許的，但大部分的人都會慢慢胖。千萬不要以為現在沒胖就很得意，變胖是逐步累積的。你吃了五年、十年的澱粉，年輕時或許都不怎麼胖，等到四、五十歲代謝變慢，身體就會出現一些變化；前面你所做過的那些不好的事情，到了最後，還是全部都會回到你身上。這都是要付出代價的。

如果能夠學會「控制」，節奏會比較溫和一些。也就是說，你可以快，也可以慢；因為有在控制，狀態是比較舒服的。但是，如果你一直要選擇橫衝直撞，其實是一種「失控」，在這種沒有好好控制的狀態之下，精氣神的耗損就會非常嚴重。

「永齡長春」必須要了解能量的流動。如果你可以持續的動，不見得要加快，也不見得一定要不減速，就是一直順心如意的、舒適的動，漸快、漸慢的調適，隨著個人需求、自己的節奏去做調整。

人難免有「不想動」的時候，如何找回元氣？

如果你完全不想動，沒有人有辦法讓你動。要找回元氣的話，總是要有一個方法。既然你的決定就是不想動，那就坐著呼吸吧！從緩慢地增加呼吸量，把吸入的空氣轉換成體力，把能量分配到身體各部位的運作。

你可以完全用腦來做這件事。所以，你的身體可以不需要動，坐在那邊呼吸就行，可是腦不可以完全靜止。完全靜止的腦，就差不多變植物了，沒有進展的可能性。

偶爾不想動，其實也還好。如果你經常都有在動，就沒什麼關係。想動的時候，就去找元氣。至於怎麼樣找呢？人的結構一方面是物質，就是你的身體，另一方面就是精神。我們在物質上找元氣，可以接受大自然的洗禮，可以呼吸新鮮空氣，可以吃維他命，甚至打點滴增加元氣，這些都是很好的方法。

以中醫的「調」、「練」、「補」來看，一方面好好飲食，一方面好好訓練，一方面也好好的調，把過去那些舊傷、不好的殘留物代謝掉。你也可以找人幫你按摩、補氣，這些是比較被動的方式，也會補你的元氣。吃些中藥，自己做些調整

◎ 愛情的關卡若沒過，或許，你還是可以達到「永齡」的境界，但在「長春」的部分就會有一點受創。

身體的一些運動，出門走走路、健身，就是想辦法讓自己一定要動。持續這樣的進行，元氣就會回來。

但是你也得明白一件事：冰凍三尺，非一日之寒。元氣不可能馬上回復，除非是吸毒，或是打亢奮劑之類的化學藥劑，不然就是得慢慢來，有賴於長時間的運作，有毅力地一直堅持下去，體力才有機會越來越好，恢復旺盛的元氣。

就算是你有了元氣，也沒有辦法完全的防止老化。你能做的就是持續的練習，讓老化的速度減緩一點。你必須保持心情愉快，一直持續「調」、「練」、「補」下去，這是從物質層面來看，如同逆水行舟——不進則退。你必須要很有興趣，很積極的往這個方向走，不然的話，元氣很快又會消減下去了。

「習慣」與「喜好」

小時候，常常聽到這樣的教育觀念：養成好習慣、拿掉壞習慣。後來，我就一直研究「習慣」這件事，發現習慣會嚴重影響著生活，而且幾乎都是不好的影響，所以不應該有習慣會比較好。這種拋棄「習慣」的概念，確實跟一般人的認知很衝突，這裡需要特別說明一下。

習慣會帶來幾個副作用：第一個，沒有經過思考。

你做這件事情、做這個動作，只是出自於一個習慣，像電動馬達不停地運轉，或是像生產線上的工人，不由自主的在運作，這個動作的形式謂之「習慣」。這種狀態，其實一點好處都沒有。

我們做事情，應該每一次都是獨立的，每一次都有它的意義存在，而且你做每一個動作，意識都是很清楚的。甚至於講得比較嚴肅一點，就是你對待每一次做出來的動作，態度是很認真的。

舉一個日常生活常見的例子：刷牙。要是每天固定刷個五分鐘，例行公事般地

◎生活「無憂無慮」，就是一種憂慮！

把所有的牙齒全刷過一遍，感覺好像有在做刷牙的動作，但實際上哪裡有刷乾淨，哪裡需要加強，你全都搞不清楚，牙刷進到嘴裡就像飄來的風雨，好像跟你不太有關係，這就是「習慣」的副作用——做事的時候，不用花什麼心思去思考。

如果你很認真照著該有的方式上下刷，觀察每刷了一下去除掉多少牙垢，這就不是被習慣所操控的動作。有些人會說，我刷牙一定要從上排的牙齒開始，或是一排要刷個幾下……這樣或許勉強算是有些意識，大致上清楚想刷哪裡，今天有什麼需求，哪個地方需要加強，哪個部位有什麼感覺等等；當你是有意識地在做這件事情，就跟習慣無關了。

關於「習慣」帶來的第二個副作用：當不這樣做的時候，你會難受。

這真的還滿慘的，因為平常已經習慣這樣，當你不能夠這樣做的時候，感覺就像受罪般地難熬，心裡頭難受、不舒服、不愉快，這就是被習慣給害到了。

有人會說：我有養成「好習慣」啊！我每天都會早起，都吃的很健康，也固定會去健身房報到……這些「習慣」，到底對你好還是不好？我認為，不管是什麼習慣，只要落入一個「公式」的模式，就是不好。

生活，不需要有這些習慣而受到制約。不管做什麼事情，都應該是很正常的，能夠思考，你想做什麼，然後就去做，每一次都有全新的體驗，彷彿重新經歷一次的感覺。

我今天在飯店吃早餐的時候，飯店提供自助吧檯。現在旅館的餐飲競爭激烈，服務很有水準；然而，對我而言最重要的感覺是：心裡覺得很美好、很感恩。吧檯上的食物從熱到冷、從中到西，應有盡有。每拿一樣東西，我都會先把這些食物看過一輪，知道要選擇什麼。我可以欣賞有什麼好吃的，什麼不吃比較好，有什麼食物比較健康，什麼合現在的胃口，身體有沒有想要平衡的，不要過涼，也不要過熱之類的調整。當我選好了之後，就去取自己需要的量；回到座位之後，一口一口放入嘴裡。所有我想嚐的都嚐一點，這麼一口一口地吃下來，其實也就飽了。

這種和食物接觸的感覺，不是「習慣」地進食，讓我更能夠體會到這頓早餐的美好，心裡很感恩有這麼好的東西可以吃，樣式又這麼麼地多元。在進食的時候，我想到自己年輕時是怎麼吃飯的。那時沒什麼飲食限制，盤子裡的食物堆到跟山一樣，

◎當生活無憂無慮的時候，就沒有繼續前進的方向；這種日子過久了，就會出現一種「漂泊」的感覺。

一看到就會讓人覺得，要吃完有點困難。如果你是年輕人，我會鼓勵你可以這樣幹，那就是一種經歷，一種享受。重點並不是你應該這樣，或是一定不可以怎樣，而是你不需要仰賴「習慣」，一定非拿那麼多不可。

所謂「習慣」的拿法，就會是這樣：「嗯，我就是吃這麼多啊！」「我特愛吃這個，快去拿一大盤哪！」好像怕吃不到，等一下會食物短缺的樣子，也有很多個人的喜好，喜歡的就拿一大堆，討厭的就完全不去理它，沒有思考自己的身體到底需不需要，完全是「習慣」在控制你的動作。

回想起自己年輕的時候，吃東西就是沒有什麼在思考。那時的我就像一個餓鬼，很貪吃，又吃了很多。當然，年輕時代謝得快，有本錢能這樣吃，但不需要「習慣性」的拿這兒、拿那兒的，畢竟人會改變，每天身體的狀態也不盡相同，需要調適。就好比參加完運動比賽比較累，或是近期工作比較操勞，或是剛好遇到生理期等等，有種種因素需要考量，飲食需要隨著身體的變化而有所調整，你的思維、步調都要跟著同步。

所以，不要有習慣。一旦有了習慣，對生活並不是很健康。有些時候，當你有了某個習慣，可是做那件事情並不好，你卻毫無知覺。

譬如說，有人有吃喉糖的習慣。其實，並不是所有的場合都需要，吃那麼多的喉糖到底要幹嘛？就變成只是為吃而吃，沒有什麼意義。另外一個，就是被自己的喜好所控制，反正你就只是確認這個東西是你喜歡的，問題是，你並沒有跟自己的身體溝通，沒有判斷現在的狀態允不允許做這件事。就好比有的人喜歡吃冰，看到冰就一定要吃，也不管今天適不適合，就這麼拚命吃著，身體的體質就變涼了，不見得是好事。

有些時候，你知道自己喜歡，確實可以多吃一點；但如果純粹只是「習慣」，或只是因為你特別喜歡，那你選擇去做的事情就跟自己的身體槓上了——很多時候，身體就是不喜歡、不需要，你卻硬是把它搞到肝火過旺、濕氣過重、手腳冰冷、喉嚨沙啞，或是喝酒喝到頭暈，超出你能負荷的程度，很多種不好的症狀，全都是平常不經思考的「習慣」，長期累積下來所帶來的副作用。

◎「永齡」就是在生活裡不但盡全力，還要想辦法突破。

若是想要讓自己保持最佳狀態，就不要憑藉著「習慣」或是個人喜好去做事，非常危險；當那些副作用產生的時候，常常來不及去挽救。與其要去養成「習慣」，還不如花一些功夫，去了解自己現在的身心靈狀況，了解生活實際的需求，了解目前這個時刻，最應該做的事情是什麼，搞清楚自己的情況，而不是被這些習慣給綁架了。

「變」

「變」跟「不變」之間，非常非常有意思——有些時候，「變」是一種「不變」；也有些時候，「不變」反而是一種「變」。那麼，到底什麼是「變」？什麼又是「不變」？這牽涉到一種過去、現在、未來的概念。

在生活中，我們常常會想要「一成不變」，覺得這是好的方式，或是我們喜歡這樣，因為過去都是這樣做，現在也這樣，那將來也一直都會是這樣。看起來似乎簡單、方便，像找到答案似的，你會很高興可以懶惰，也減少了許多麻煩。

其實，這樣的態度才是真正的問題——從你選擇「一成不變」的決定開始，你就不再創造，人生也就開始無趣了。

有一個很好的例子：我的阿公，他每頓飯一定要吃兩碗飯，一輩子都這樣。對他來說，這是一個根深蒂固的觀念，沒有吃飯就不會飽。或者，有些人會覺得：「我是幹粗活的，我就是喜歡吃飯」之類的想法。

吃飯沒有問題，問題在於他的想法不能變，這就會是一個很大的問題——就是過去這樣吃，現在也要這樣吃；非常明顯的，未來，他也打算這樣吃。

這樣幹，會有什麼問題呢？這種問題很嚴重，而且不容易被察覺，也牽涉到前面章節所講的「習慣」跟「喜好」。他一成不變的一定要吃兩碗飯，每餐都這樣吃，可是他的年齡在改變，賀爾蒙沒有年輕時那麼多，代謝速度下降了，工作量也在變化，以前常在幹粗活，現在並沒有像以前勞動的那麼多，要是吃一樣份量的飯，不就會變胖了嗎？

要是沒去感受自己的身體到底需不需要，想法一直沒有改變，最後，你所執行的動作就會成為一個很大的問題。永齡長春講求不斷的「創意」，就是要你能夠隨著自己目前的狀態，進而去調整、改變成最適合現在與未來的生存方式。

嚴格來說，我們每天的狀態都在變化，只是一般人沒有敏感到知道自己該怎麼去調整。我們從二、三十歲，一直到了五、六十歲，飲食、作息、代謝到什麼程度？身體負荷到哪個程度？就看你目前的生活型態是如何進行。你有沒有在動？你是每天都在家裡看電視呢，還是每天都有在做事情？

有些人會說：「我每天都有去爬山喔。」

◎「長春」就是你過的生活是享受的。就算閉上眼睛，離開這世界的時候，你是心滿意足的。

爬山對他來說，是一種固定的生活模式，好像「我每天都有在爬山，我的健康應該沒有什麼問題」，就可以用這件事情來安慰自己，這樣就夠了——那就是一種「不變」的態度，沒有變化，沒有進展。當然，保持還是好過退步，但人生就跟學習一樣，不進則退。

爬山這件事情沒有問題，問題是出在於那種「不變」的想法：因為你都是固定這樣做。久而久之，身體就「習慣」了，就算平常有爬山，很多健康的毛病還是沒被真正處理到。有一天，當你發現自己的膝蓋損壞了，再也爬不動了，真正害了你的並不是爬山這件事情，而是「一成不變」的想法。因為你平常沒在感受身體的變化，沒有去對膝蓋進行保養、修復的動作，只是硬逼著自己每天風雨無阻的去爬山，最後膝蓋不能用了，反而造成身體機能的退步，或是讓生活變得僵化。

所有物質宇宙的能量會有一個現象：如果它的狀態是一直不變的，你千萬不要很樂觀地以為會永遠持平；到了最後，它會變成退步、僵化。

你可能會見到身邊親友有這樣的情形：他每天都有持續運動，為什麼身上還是有一些三高、心肌梗塞之類的疾病？因為他最大的問題並不是沒有在「動」，而是這樣的動是「一成不變」的模式，他動的是身體，但動的不是腦；表面上似乎有在「動」，實際上卻是另一種「停滯」。

這樣的問題，還關於一些習慣的「累積」。生活中有很多的結果，都是累積所造成的問題，我們有必要把累積的觀念提出來，好好地談一下。

如果你有在跟你的身心靈進行密切溝通，所做的事情是正面的、正確的，「累積」的動作可以讓你一日一紙，積沙成塔。但是，當你所做的是錯的，是不生存的；更可怕的是，你不知道這樣做會造成什麼樣的傷害，像是用錯誤的健身方式練習好幾年，或是用不適合自己的飲食去調整體質，也沒去感受自己有什麼樣的變化……「累積」造成的結果，就是「不變」的固定模式，傷害也同樣的日積月累，最後嚴重到不可逆轉。

這種傷害最可怕的地方是隱性的，是潛移默化的，很不容易察覺。就像水庫每天都在淤積一點點的泥沙，沒什麼感覺，到最後蓄水能力就被完全破壞掉了。或是苗圃裡不停的灑水，完全不看天氣跟濕度，最後當然就出問題，因為該調整的一直

◎「一心多用」的能力，是需要長時間培養的，從越年輕開始練習越好。

都沒「變」，沒變之後，改變的就是「結果」，變成另外一種你不希望出現的狀態，一種改不了、來不及，只能「望傷興嘆」的地步。

錯誤的「累積」，對永齡長春是一件殺傷力極大、極可怕的事情。所以我們要「變」，要在生活中加入創意、調整的元素。但在「變」之前，有一個很重要的觀念要先建立起來：永齡長春，並不是「為變而變」——好比說，現在要做創意料理，就刻意把菜色改得跟原來很不一樣，原本油炸的改成用清蒸的，再給它重新排列組合……不是這種「變」，不是你想像弄來弄去的那種變。

永齡長春的「變」，是指生活要有不一樣的元素。它不應該是莫名其妙的被要求，一定要怎麼樣才行。我們的身體、心智、生活的狀態，都不是用幾公分、幾秒鐘、幾公斤，或是溫度幾度這些量化單位來計算變化的，這當中還包含很多個人的心境與感受。

就以減肥來說，你原本預計要減重五公斤。五公斤是一個明確的數字目標，但你在減重的過程中，是否有發現需要調整的步驟？減了五公斤之後，這樣的體重是否最符合目前生活所需？有需要再繼續減嗎？或者需要配合一些運動，讓身型進一步的改善？這些都是需要你繼續去「變」的，不是只鎖定五公斤的減重目標，健康就一定會變好，身材也會沒問題，人生一切都沒問題了。

所以，永齡長春的「變」不是隨便亂搞，不是哪天心血來潮，就來搞一個不一樣的計畫。

生活中有些不同的「變」，確實是需要創意，需要創新。但是那種「變」，必須跟目前的狀態結合，然後你去做了某件事，整體狀態自然會改變。那種改變，需要包含你的明確控制，它是有意義的動作，經過你的設計、執行，經由你的判斷所做出的決定。你會聆聽身體、心靈的聲音，一方面也會觀察環境變化，然後做出最適合生存的指令。如果是在作戰，你的身分就是三軍總司令——現在的狀況適不適合出兵？決定要出兵了，接下來要怎麼樣動員？現在該進攻還是防守？下一階段的目標是什麼？有這個概念，才符合永齡長春的「變」。

「變」，值得你花一輩子的時間去研究。在研究如何調整改變的前提之下，要先有這些概念。你要知道你要變，千萬不能一直不想變，或是一直不願意去用腦，

◎光是搞到很生氣，就很難做到「永齡長春」了。

所有的事情都是以不變應萬變，想要用同一招搞定天下，那種想法實在是太天真了。

也有些人剛好相反。他追求的是一直變，腦袋裡裝著滿滿的新點子，但跟生活並沒有實際上的交集，那些創意跟身邊的人事物並沒有什麼關係，跟身心靈也脫節，只是為變而變，有點像是趕流行——因為現在的潮流是這樣，所以就跟著走，或是不喜歡自己跟其他人一樣，所以就要搞一個標新立異的事情。但是，他並沒有下功夫去探討，為什麼這件事情會帶動社會潮流？這些流行到底適不適合自己？他沒有真正去了解，只是盲目地去追求（或排斥）而做出改變，這樣的心態都跟永齡長春的「變」沒有什麼關係。

流行有很多種，譬如點心裡常見的日式抹茶、法式馬卡龍，超模健身常選擇的皮拉提斯等等，多不勝數。它只是一種流行、一種樂趣，卻不一定表示其中的意義，能夠跟你目前的身心靈完全相結合。要是你不了解為什麼自己要選擇這些事，為何要做這樣的改變，那跟永齡長春的概念是完全背道而馳的。

你要怎麼變？要怎麼不變？都跟你的身心靈息息相關。養身、養心、養氣、養神，跟生活結合，才是永齡長春要追求的生活方式。

Love

「個性」與「情緒」

「個性」與「情緒」這兩個項目，在永齡長春的課題中特別值得提出來探討，因為它強烈地影響生活經驗的品質。

談到人生的範圍，永遠都離不開人際關係，不管是婚姻、家庭、親子、朋友或是職場上的各種關係，「個性」與「情緒」都是極為重要的。個性與情緒有問題的人，很難跟別人一起好好相處，就算組了家庭也無法享受天倫之樂，加入任何團隊，也沒有辦法享受跟別人互動的樂趣，不僅自己難受，也讓周遭的人很痛苦。

講到為什麼要「進步成長」的理由，最主要的方向就是在研究這些事情——你要學習怎麼去愛人、怎樣跟不同的人在一起相處——當然，也包含如何跟自己「自處」。活在這個世界上，希望享受美好的人生，也要有本事才行。這並不是你說你想要享受，只要有錢就可以了，錯！世界上有太多東西，是再有錢也買不到的。

要好好享受人生，你得要知道跟不同的人在一起的分寸，能夠明事理，也要學會做人，所有待人處事的細節都要知道；要能夠處理各種溝通，要能夠活潑討喜，要能夠不去計較那些得失、跟別人在一起可以讓人覺得開心，也可以回應對方、欣賞別人的優點。簡單來說，你的人際關係好不好，非常重要，這跟「個性」與「情緒」密切相關。

舉個例子來看：今天，你跟一群朋友們去旅遊。朋友們決定住民宿，你喜歡住飯店，你很堅持一定要按照自己的喜好去做選擇，就沒辦法跟別人一起；要是為了住宿的事情還跟朋友吵架翻臉，別人當然就會討厭跟你一起，覺得你這個人很難搞。

當你跟別人共處的時候，就算有不同的立場跟選擇，要怎樣去參與、溝通表達，這些環節是非常重要的；別人喜歡怎樣被對待，你得要知道。至於你自己喜歡怎樣被對待，這件事反而不是那麼的重要，為什麼？因為你可以選擇別人，同樣的，別人也可以選擇要不要跟你一起。人生有很多的時候的問題，是因為別人不選擇你，你的機會就沒有了。

因為環境跟工作的關係，我對這個領域有許多深度的探討。我對待人處事的細節很有興趣，怎樣做才會讓別人開心，樂到心坎裡？怎樣去打擾別人卻不會被討厭？怎樣去串門子才能夠真正地增加彼此的感情，然後又樂趣無窮？這裡頭的學問

◎把吃苦當吃補，一直往前，那種精神就是「永齡」。

很瑣碎，很有趣，也很重要。

舉一個大家經常會誤解的例子：打擾。

你要先曉得一件事：並不是你去打擾人家，對方就一定會覺得很討厭——很多時候，人家是期待自己被打擾的。只是說，這個打擾是否會造成別人的「干擾」；如果你做到讓別人一見到你就像看到鬼一樣，那種打擾當然不會受到歡迎，不僅不討喜，你自己也蠻累的。可是，如果你的互動很有趣，不要講太長的廢話，偶爾打擾一下，便能為生活增添不少趣味，大家也能夠互相配合。

我們公司常舉辦親子員工旅遊，跟旅館的老闆、員工相處得非常融洽，大人、小孩都很開心；大家互相交朋友，把飯店當自己的家，使用完還會記得打掃，所以常得到意外的收穫。當我們回家的時候，老闆還特別寄了一堆筍子給我們，這也是一個福氣與緣分。像這樣的事情，就會讓生活變得很有樂趣。

如果平常一、兩個人去住飯店，也有很多待人處事的道理。你怎樣跟夥伴相處，彼此會比較開心？怎樣跟服務生、經理或老闆往來，人家會對你的印象比較好，甚至跟你成為好朋友？這些過程都很值得研究。

另外，就是親戚之間的拜訪。你該怎麼做，會讓對方很歡迎你再去一次？親戚有很多種，彼此的關係是一回事，每個人都有不同的態度與性格，這些個別差異全都要計算在內。

我們公司員工去拜訪親戚的方式，就相當挑戰一般人所認知的極限。一般人去拜訪親戚，是一個家庭的成員去拜訪另一個家庭。但我們的員工去拜訪親戚，會把公司其他的夥伴一起拉去，一大群人浩浩蕩蕩去到對方家裡，如果事前沒有完善的計畫，會把人家給嚇死。對方家裡所有能走的地板、能睡的床、能擠進去的空間，我們幾乎全部都拿來睡——當然啦，我們的被子不夠，自己還要租睡袋。一大群人去拜訪對方家裡，怎樣可以做到原封不動，不更改對方家中擺設的一分一毫，甚至還能讓他們家變得比原本更乾淨？我們雖然人多，吃東西的時候很像秋風掃落葉，能用的也都用到淋淋盡致，但也打掃的乾乾淨淨，買了很多禮品、食物回饋給對方，不會讓別人覺得這些人來了之後像是遭到搶劫一樣，印象非常糟糕。

這些事情，在我們看來很有趣，然而，在別人眼裡幾乎是不可思議，差別就在

◎聚合生活裡的各種形式，你做的每一件事情都會積沙成塔，讓你更強壯、更有未來的，那就是「長春」的概念。

於能不能為對方創造出好印象，讓拜訪不是一種干擾，而是增加許多美好的回憶。如果是那種吃飽就閃，什麼事都不做、什麼東西也沒給，甚至連話都不會好好講的人，去拜訪別人家當然會很不受歡迎，因為非常沒有禮貌，給了對方非常多的麻煩，也不明白別人心裡的感受。人家請你去他家吃飯，你吃完之後瀟灑的轉身，拍拍屁股就離開，留下一大堆碗盤給主人洗；或是你帶著小孩，弄到別人家滿地屎尿、臭氣薰天，就算是自己的阿公阿嬤，也不見得會很歡迎。

我有一對夫妻檔朋友，已經當阿公阿嬤了。他們的媳婦帶孫子回來玩，因為孫子年紀還小，媽媽清理的功夫又不夠好，人家反而很怕你帶小孩回來。不回來沒事，一回來家裡就臭的要命，髒尿布隨便亂丟，沒喝完的奶瓶滿地滾，小孩又常哭鬧到屋頂差點掀起來；這樣不受控制的場面只要多出現幾次，人家自然不歡迎你了。

像這樣的事情，對方口頭上可能會講：「沒關係、沒關係！」像這種客套話，如果你當真以為沒關係，那只能說你是頭殼壞掉——所有的事情，都有關係！禮多人不怪，禮物多送一點，東西就少計較些，該吃的吃一點，不該吃的不要吃；該給的多給一些，不該留的就千萬不要留給人家……這些待人接物之道很值得細細品味。

如果你打從心裡討厭這些人情世故，就不太適合跟人家在一起，因為別人跟你在一起，也不會感到很舒服。

也有一種人，會「過度」的去處理這些事情。像是送出相當厚重的禮物，或是講話過於謙卑客氣之類的，我自己並不是很喜歡這樣。一方面我覺得能做到這種程度的人確實很值得尊重，因為他們可以做到讓人沒話說，讓人佩服；然而，若讓人覺得禮數太過，對方也會不希望跟你往來，畢竟受之不起，要回禮也是麻煩。

不管你做了什麼，一定要很有誠意，讓人很喜歡，而不是讓人覺得你的付出是因為利益關係，這種情誼就維持不久。政治或商業上的往來手段，並不是這裡討論的重點，我們講的是「永齡長春」的領域，怎麼樣跟人互動才會舒適，也因為如此，我們必須去訓練自己的情緒控制，調整自己的個性，去跟其他人在一起過生活。

只要是人，都喜歡跟「容易相處」的人在一起。容易相處是什麼意思？簡單講，就是沒有那麼囉嗦的。如果要再多一些條件，就是講話清楚的、幽默有趣的、比較客氣的，或者是比較會說好聽話的——尤其會講好聽話特別重要。如果你平常很囉

◎只要你的歷練夠多，經驗夠豐富，越「老」是越有價值的。

嗦，明明沒輪到你講話，你偏要講一堆別人沒興趣聽的內容，甚至是一些難聽的話，大部分的人並不會喜歡接近你。

講話是一門非常博大精深的藝術，情緒的修練也是。看起來快樂的人，不管去到哪裡，總是比較受歡迎。相反的，一天到晚看起來心情鬱卒，或是緊張兮兮、悲傷、充滿擔心，講話非常負面的人，就像瘟疫一樣會傳染、讓人生病，挑起人們心中的不愉快。

我們講的「永齡長春」，是要做到讓自己、別人都可以很舒服、開心喜悅，生活品質才會好。一個人可以活的很長壽，但活的很醜陋、看起來很可怕，就像老妖怪一樣，那是個人心智的決定。這樣的選擇，會讓身邊所有的人都不想跟你在一起。

一個老年人的生活，有沒有辦法繼續和這個世界接軌，跟個性、情緒修養有著密切關係。當你年紀漸長，無論發生什麼事，心境都可以保持像孩童般地純真愉快，而且身邊有一些朋友可以在一起。一個人孤獨地活著很沒意思，你可以選擇非常活潑且開心的去過生活，人們覺得有你這個老人家的存在很開心，只要你能夠跟得上，能夠好好講話，你提出的需求不會引起別人的麻煩，別人還是會對你尊老敬賢，還是會願意跟你在一起。

永齡長春所講的「進步成長」，就是把性格中屬於孤僻的、讓眾人不舒服的、自己也不舒服的部分改掉，情緒保持高昂，對生活周遭的事情充滿好奇心，這些都可以透過進步成長而提升改變。你希望人生過得更好，「進步成長」是絕對躲不開的課題，當你進步成長之後，便會發現以前無法承受的事情，現在再次經歷就沒那麼在意了，你會舒適自在許多。你有自己的原則跟選擇，以前可能不敢講出來，進步之後，你就可以盡情表達，展現出原本的個性，又不至於讓大家討厭，這非常值得去學習。

人生，要學會有能力跟別人在一起相處。然而有些時候，你也必須學會和孤獨做朋友，要自己一個人獨處，獨處也有很多東西可以練、可以學。你跟別人在一起時非常的快樂，自己一個人也能很快樂，這也是「永齡長春」的課題裡必須具備的基礎能力。如果一個人就覺得很難受、很害怕，不敢自己一個人睡覺，一個人就沒辦法出門，沒有人帶就不行，生活一直要依賴別人，那根本就沒辦法享受自己獨處

◎你可以老，也可以年輕——今天，你想要幾歲？那你今天就是幾歲的人！

的生活，會製造別人的麻煩，引發一些不必要的問題。

我們要修練自己的個性，不管跟誰都可以很好地相處，情緒表達讓所有人都覺得舒服、如沐春風，自己也感到自在，完全不會矯揉做作。這樣一來，不管是老朋友、新朋友都會很喜歡跟你相處，你的生活也會因為好修養而帶來正面的回饋，永遠保持青春的活力。

如何當一個常常好心情的人？

好心情是一種格局，一種修為，一種胸襟，一種訓練。

就好比一個專業的業務人員，你看到他總是顯得精神十足、熱情洋溢；或者是你看到一個明星，他總是神采飛揚，隨時為人打氣，鼓勵別人，講笑話服務影迷。我覺得這是一種修為，是鍛鍊出來的結果。這並不代表他目前的生活一切正常，不代表他現在都沒有憂心煩惱的事情。他常常表現出好心情，並不見得他真的很快樂、很幸福美滿，畢竟生活總是起起伏伏。

我們講的「好心情」有兩種，一種就是現在所提的，那是一種專業的表現，是一種品格，是一個格局跟胸襟，是一種氣質與水準所顯現出來的形象與模範——就是見人就笑、打招呼、很有禮貌等等，這是訓練出來的樣子。

另外一種，就是生性比較開朗的人。他比較喜歡開玩笑，比較喜歡講笑話，他喜歡有趣的事情，不太會花注意力在一些負面的事情上。他不喜歡講八卦，對那些看不起別人、批評別人的這些事，他是沒有興趣討論的。這種人是很難得的。

以上這兩種人都一樣，應該要自己保持好心情，也要給別人好心情，而且生活的態度跟水準，就是要這樣的正面樂觀，可以開心去過日子。

我自己本身，是花很多時間去鍛鍊成一個「好心情」的人。在我年紀小的時候並不是那麼開心，常常心情很糟糕，甚至還有很多的自卑、憂鬱與煩惱。但是隨著歲月增長，隨著自己的工作、學習、進步成長，我經營自己的事業，跟丈夫一起努力打拚的這段過程裡，讓我知道「好心情」對生命有多大的影響。

於是，我做了很多的專業諮詢，甚至也投入了這個行業，幫別人做了很多諮詢，致力於讓別人能夠獲得好心情、找到好姻緣，談一輩子的戀愛；引導對方達到人生的目標，在職場上發揮所長，在家庭成為成功的父母，擁有幸福的人生。我培養了一些諮詢人員，也擁有自己的顧問公司。這麼多年的努力，雖然不能說達到一百分，但我以此為人生的志向。我做這些事情的出發點，全都是為了要讓人有「好心情」，教人家相信自己掌控命運，相信正確的努力會帶來成功，相信未來一定會更幸福。我自己先有好心情，身邊的人也會有好心情；除了自己保持好心情之外，也想辦法再多一份力氣幫助別人一起擁有好心情。

◎長春，就是不管在什麼年齡都好、都美，一直保有生命的活力、不同的美感。

關於怎麼樣開導別人、開導自己，這些技術只要學習就會了，有專業知識可以做到。我希望有相同志向的人，大家一起來努力，如果你喜歡學習的話，就要來接受諮詢，要讀書，要努力練習，要開導別人。十年磨一劍，經過這一連串的努力，你不但自己會擁有好心情，還可以帶給身邊的人好心情。

上了年紀之後，該怎麼樣打扮自己？

打扮這種事不需要跟別人的意見走。你不用去聽那麼多別人的說法，應該要先聽聽自己的想法。那當然，也不是要標新立異，穿著奇裝異服引人注意，也不需要穿到讓人都看不見你的存在。

但有一個很重要的關鍵：你想怎麼打扮自己？

一個人的打扮到底適不適合他，關鍵不在於年紀，而在他的「心境」，不是真實年齡的問題。

有的人六十歲，卻顯得非常老態。有的人一樣六十歲，感覺自己像個小姑娘，差別很大。有人八十歲，活潑又可愛；但也有人八十歲，老態龍鍾。這就不是怎麼打扮的問題，而是一個人的心境問題——如果心境比較活潑、比較開朗，就會接受花色繽紛、顏色鮮豔的衣服。也有些人，打從心裡認為應該要灰暗一些，既然老了，不要穿得那麼引人注目，他覺得這樣很奇怪。

我曾經碰過一個老媽媽。她是年紀大了，滿臉皺紋，可是她喜歡鮮豔的顏色。

◎「永齡長春」是在你目前的年齡階段追求到人生最美麗的境界，不管你年紀有多大，那個年齡就是有價值的。

那天我看她穿一個紅花白底的襯衫，絲質的，讓我印象好深刻，非常漂亮！整個人光鮮亮麗，給人的感覺就是這副打扮很適合她，很有氣質又非常端莊。

不過，也是有人喜歡把自己打扮得過於隨便，不能用「簡樸」來形容，因為看起來很像梅干菜。不過，也有些人的年紀已經很大，身材也不好，卻故意穿得像個十幾二十歲的姑娘，那當然看起來會很奇怪。如果你的身材維持的非常好，打扮得稍微花俏點，年紀就不是什麼問題了！

前陣子有一些貴婦，已經六、七十歲了，穿著旗袍在巴黎街上走，引起眾人一陣騷動，相當驚艷。雖然他們已經是老奶奶的年紀，但是漂亮的程度一點都不亞於年輕人；而且人家非常有風采，一顰一笑、舉手投足都很好看。

六、七十歲的人，能不能呈現出這樣的花樣年華？在問這個問題之前，更重要的前提是：你有沒有那樣的條件？你有沒有本事打扮的那麼漂亮？你的走路姿態有辦法這麼好看嗎？你的氣質有沒有這麼端莊？這樣說來，上了年紀之後，該怎麼打扮自己呢？就看你是哪種人了！

有些人上了年紀之後又肥又老，頭髮亂七八糟，看起來蓬頭垢面，駝背彎腰，既不化妝，穿衣服又沒有品味，那要怎麼打扮自己呢？就算打扮得非常妖嬌，可是走路的樣子不對，講話的氣質不對，給人的觀感會非常詭異，因為他真正的樣子跟打扮之後想要呈現的樣子是合不起來的。

關於打扮這件事，還要考慮到「舒適度」。譬如你的個性本來就是活蹦亂跳，就算綁個辮子、穿個布鞋，舉手投足都非常輕快，別人也會覺得這樣的打扮很可愛，非常適合你。但是，這並不是一個標準，不是別人覺得你這樣子是否合宜，而是要看你的個性啊！要是你原本就是很好動的人，打扮的很端莊之後，什麼動作都不能擺，那反而就變得很壓抑了。

所以，打扮要看你是怎麼樣的人，怎麼樣的心情？然後你正在做什麼事情？在什麼場合？這些條件都很重要。除了個人的水準跟程度之外，最重要的還是「心境」——你覺得自己是一個怎樣的老人？你怎麼看待自己？你希望的打扮是怎樣？

打扮得好不好看常常不是年紀的問題，而是有沒有那份「心」，想要把自己呈現出目前最好的狀態。像是英國女皇，無論從年輕到老，每次出來還是戴頂帽子、

◎你的年齡數字，跟呈現出來給別人的感覺，是否有落差？

插朵花，打扮得高尚典雅，這跟年紀有什麼關係呢？誰不能作出這樣的打扮？可是，你要能夠擁有襯托裝扮的氣質，你的一舉一動、身分地位跟打扮是合宜的，才會是重點。

如果希望自己老的時候，打扮可以好看一點，得要從年輕時就要下功夫，因為很多的條件等到年紀大了之後是來不及的。「打扮」這件事不是梳妝打理、買個漂亮衣服套下去就可以搞定的，沒這麼簡單。這裡頭有很多的細節，很多的色調搭配，很多的情趣與時尚，對各種搭配的感受，包括髮型、飾品配件甚至健康狀態都要不斷琢磨，還有你對自己的了解，才有辦法打扮得很漂亮。

很多人年輕的時候花枝招展，但老的時候似乎心碎了，或是對人生的不如意，就不再喜歡打扮了。不打扮並不是因為老了，而是因為過不去那些挫折或創傷，就變得不愛打扮，或者是一夕之間老掉了；就算想打扮，情緒不對，也打扮不起來。

所以，我個人還是非常提倡進步成長。因為打扮是一種對自己的關心，注重別人感受的一種禮貌，打扮得不得體，跟進步成長的程度息息相關。從年輕的時候，自律地學習打扮，從心境上、靈性上處理——你有沒有不斷地在諮詢，把過去的傷痛處理掉？你有沒有不斷地學習，理解人生、理解世界更多？這是非常重要的關鍵。如果沒有配合這樣的努力，其實打扮不出最適合自己的理想狀態，久了，你也不會想打扮，這些條件全部都是一體的。

保持永齡長春的心，會讓人不斷的想要去嘗試。在更了解自己的狀態下，不斷的突破，也因此更舒適合宜的打扮自己，不僅自己開心，也教人賞心悅目。

◎每一個人都是不一樣的個體。就算我們都做了相同的事情，結果並不會只有一種。

新郎

新郎

[第五章]

「永齡長春」的關鍵秘密

婚姻，愛情，感情生活

婚姻、愛情和感情生活，對「永齡長春」的影響是非常非常重要的。那種甜蜜、舒適的感覺，生活中無論發生什麼事，還是有一個人支持你，有一份穩定的力量，有一點像是船隻入港，有家可回。

有人會說：「我一個人住，也是有家可回呀！」

一個單身的人回到家的時候，那種感覺就只是回到一棟房子裡。如果結婚的話，回到家裡時，迎接你的是一個生命，那是很不一樣的意義。

當我跟老公還沒有自己房子的時候，我們住在公寓裡。每次開車回家時，只要看到房子的燈光亮著，有時候是客廳亮著，有時候是某個房間亮著，有時候是整間都亮著，尤其我老公喜歡把全部的燈都打開，整間都非常明亮，遠遠看到那個燈火通明的景象，我的心就會狂熱起來，心想：「哇！他在家！他已經比我早回家了！」

然後，我開了門會馬上衝上樓梯。那時候我們住在二樓，上樓梯時砰砰作響；老公還會開玩笑地說：「咿呀！你這個看起來瘦瘦的女人，走起路來很像大象呢！」

回到家裡，奔向丈夫懷抱的那種心情，每次想起來，都讓我非常非常的感動。

早期我在新加坡擔任顧問，工作結束之後，光是到了機場，我整個人就熱血沸騰，心裡想著：「哇！我要回家了！我要奔向愛情，奔向我的丈夫！」雖然中間要轉機，回到家的時間還要很久，可是那種快樂的程度，和單身時期的快樂是非常不一樣的，這種感覺對我來說，對「永齡長春」有非常巨大的幫助。你知道自己不是一個人孤零零地活在這個世界上，而是有一個精神支柱，心裡非常歡欣愉悅、非常狂熱的那種心情。

很多時候，在生活裡有一些預料之外的失敗，會經歷高潮起伏的挫折，無論最後結果如何，我會覺得再慘都還是可以回家，家裡會有一個人守護著我，那種感覺真的和單身很不一樣。

有一次，我在生活中遇到極大的挫折。我覺得公司經營不下去了，員工們應該會全部走掉吧。那次我跟先生講這句話的時候，先生牽著我的手走向二樓的臥房。他說：「老婆，沒有關係，如果員工全部走光了，我們就從頭開始。當初妳是一個一個把這些人帶進來的，要是他們走光了，我們還是可以一個一個來，重新開始。」

◎「永齡長春」所做的事都是在提升自己的能力，創造出一個「越來越好」的可能性。

這件事並非有多偉大，或多麼令人動容，而是在我感到極度挫敗、失落，幾乎面臨崩潰的情況之下，有一個人可以牽著我的手，跟我講這些話，這種被支持的感覺不是其他人的協助可以比擬的。

當然啦，你還是可以說：「我不必結婚，就可以有這樣被支持的感覺。」

但是，我對此的感觸是很不一樣的。因為這個人是守護你一生的人，這個人是無論榮辱、富貴貧賤都會跟你在一起的人。雖然我們因為工作的關係，很多時候分隔兩地，我常常開玩笑地說：「哎呀！我嘗試過著遠距離戀愛的婚姻呢！」

一般來說，離久則會情疏。遠距離的戀愛為什麼能維持下去？因為愛情的底子夠好，我們對彼此的信任夠深，所以在心裡能夠心無旁騖、盡情地往前邁進，無論遇到什麼事都能夠很自在、很舒適。我曉得有人可以信賴，無論何時，都有一個肩膀可以依靠，可以相互支持的兩股力量——我支持他，他也支持我，這兩種不同方向的力量，不論哪一個大、哪一個小，都讓人可以更堅強。這已經不是一加一等於二，而是永遠大於二。你可以去讓另一個人依靠，給予對方希望，你也可以去幫助他、支持他；為了要貢獻，你的腳會站得更穩，心會更平靜，也因為你可以給予，同樣的，你也能夠接受對方的付出，這兩種相對的感情，我覺得非常非常偉大。

我一直提倡結婚這件事，而且如果能夠提前的話，我非常鼓勵盡早結婚。這裡頭有一個極為重要的理由：結婚，是你學習人生、進步成長最直接、最快速的方式。結婚並不是婚禮辦一辦，兩個人在一起就會幸福快樂；有很多事情需要你跟另一個人去磨合、去練習，甚至還需要訓練，花很多的時間去了解怎樣獲得幸福。關於經營感情的事，或許有人學得快，有人學得慢，但絕對值得花個二十年，甚至三十年的時間把它學會。

早婚的價值，在於年輕時就開始學習了；越早學會，就能越早享受幸福。我個人認為，「永齡長春」要能夠達到享受愛情、婚姻與感情生活的境界，需要從年輕的時候開始去闖、去磨。畢竟年輕時血氣方剛，性格也沒那麼穩定，還有很多事情不懂；在經歷漫漫歲月之後開始明白了一些事情，成熟了，穩定了，年紀到了一定程度，應該能享受感情生活帶來的美好，而不是一直在修復過去的傷痛。

能夠享受，是因為前面的時間耕耘了這麼久，剩下來的時間就是收成。這種概

◎每一個人的感受，每一次的學習，每個時間點的需求，都是獨一無二的。

念有點像培養有機土，至少需要三年以上的休耕期，或是要讓一棵樹長到那麼大，必須讓樹有機會往下紮根，讓葉子長得茂密，最後終於有樹蔭可以乘涼，甚至生出好吃的果子，這都是需要時間去養成的。向下紮根的動作需要趁早開始，至於開花結果，就是老了之後的享受。

然而，這段過程也很有可能不盡人意。如果你離婚了，心情空蕩蕩的，一片空白，對婚姻留下許多非常糟糕的感覺，甚至就此度過餘生……很多人的感情生活是這樣的。他們會覺得，我一個人過得挺好，至少好過有一個人一直跟自己吵架，一踏進婚姻彷彿就不能呼吸，堅持單身的生活比較好。

以「永齡長春」的觀點，要著重的是：當歲數到了一個年紀，能不能繼續創造更美好的生活。

有些人的單身生活確實很精彩、很充實，但那些都是你一個人，或是跟朋友在一起的部分。如果你的感情生活就這樣空白了，就少了很多精神上的支柱，少了很多精彩的火花，少了很多的營養，少了很多的歡樂與幸福。那些心靈上的滿足感，並不是你一個人或是跟一群人過得多精彩，就能夠彌補過來的。

無論你在感情上有多少經驗，只要和另一個沒有接觸過的人在一起生活，必定要從頭來過，花時間培養默契，找到彼此能夠接受的平衡點。當兩個人磨合到一定的年紀，該磨的也差不多都磨過了，那就是開始享受的時間了。你可以很愉快地擁有兩個人的旅行、兩個人的對話，享受兩個人的悠哉，共處一室的樂趣。你之所以能那麼快樂，是因為年輕時的努力，現在終於能享受愛情、婚姻的幸福，這是一件非常偉大的事情。

我年輕的時候脾氣很不好，個性非常非常難搞，很愛吵架。所以，我先生常說我不能嫁給別人，只有他才有辦法忍受我這種難搞的女人。雖然我自己也心裡有數，但跟老公一開始相處的時候就下定決心，一定要把「婚姻幸福」的學分拿到手。如果沒修成正果，就算身上沒有高血壓、心臟病、關節炎之類的病痛，心中的痛苦也比身處地獄還要難受幾萬倍。

不管我高興也好，難過也好，賺錢也好，賠錢也好；不管我進步也好，退步也好，只要我回到家裡，一看到對方大吵一架、吼來吼去，跟對方合不來，身上細胞死得

◎心，要保持最好的狀態——隨心所欲，心想事成；不斷創新，也活出超齡的青春。

相當快。因為心境沒那麼好，一照鏡子所見到的畫面，不僅只剩下滿面愁容之外，我覺得自己的氣色簡直是難看死了，就算粉撲的再多、妝化的再美，那張臉還能夠多漂亮？

話說回來，為什麼要年輕的時候結婚？因為你才有那個體力，去跟另一個人這樣地磨啊！去跟對方理論，跟他吵，跟他講到底，跟他秉燭夜談，或是一起同歡……這些經營的過程很不容易，但絕對值得你去投資。

我現在就覺得走過了那些烏雲密布的日子，直到海闊天空之後，心境可真是不得了。我現在真的覺得甜蜜指數天天都在增高，因為有人懂我、愛我，有人知道要怎麼樣對待我、怎麼樣跟我相處，我可以盡情地聊天、盡情地享受，跟對方共創非常綿密的幸福，這是世界上最棒的事情。現在就算沒有錢、沒有地方住，都沒有關係！因為兩個人心心相印，彼此都有工作，非常獨立，個性上也很成熟，都有能力管理自己的生活。這樣的福氣，可不是奢望從天上掉下來的！

在「永齡長春」裡，愛情是一個不能不過的關卡。如果這個關卡沒過，或許，你可能還是可以達到「永齡」的境界，但是在「長春」的部分，就會有一點受創。

假設「長春」是一個畫面，上頭幾乎都是青綠、翠綠色。要是沒有愛情，感情不圓滿，畫面中就會有枯黃甚至灰黑的顏色，有很多地方的色彩是空洞、黯淡的。如果那是一片森林，你會曉得有一部分沒有生命，它是死的。長春的畫面裡，除了一片綠油油的草地之外，到處繁花似錦、爭奇鬥艷，還有蟲鳴鳥叫，那種自然的感覺是少不掉的。畢竟，人是離不開感情的。

前面的章節有提到，交朋友要廣結善緣。除了維繫老朋友的感情之外，也要不斷的跟年輕人在一起，大家可以互相關照。當然，身邊有朋友，總是好過沒有，不過，友情跟愛情仍然是非常不同的領域。

在感情生活裡面，愛情和婚姻這一塊如果經營得好，對我來說，幾乎會加了至少百分之五十以上的分數，差不多是這麼高的比例。先不談科學研究幸福的婚姻能讓壽命延長，或是比較少生病之類的訊息，我個人的感覺是如此：人生的幸福感，幾乎歸功於愛情與婚姻上的成功。如果要給出一個數字上的比例，婚姻、愛情會佔人生幸福的百分之八十五左右！它讓我更加地堅強，它帶給我自信，也讓我更能夠主導自己的人生，影響我的人生非常巨大。

不過，剛剛提過，每個人對此認知都不同；我，只是一個例子。我的生命當中，最重要的部分就是愛情——幾乎可以這麼說：我這一輩子，就是來把愛情這件事修成正果。

我對其它事情都沒那麼完美的要求。工作的成就可以少一點，錢少賺一些、不那麼出名、不成才、或是笨一點、醜一點都無所謂，至少我在先生的眼裡非常完美，他很欣賞、很喜歡我的這件事，對我是非常療癒的。我們講話很投機，即使結婚幾十年了，雖然不像年輕那樣有旺盛的體力，可以從前一天晚上相擁到天亮；但是我們講話仍然非常合拍，可以一整天講個八到十小時，可以牽著手一直講，非常的開心。這種幸福感帶給我的滿足，遠遠超越所有的一切，比功成名就、賺大錢都還要有意義。

我也曾經想過，如果有一天，老公比我先離開這世界，當我變得孤獨，也不代表感情就會完全空窗，但至少我不覺得此生遺憾或難受，因為我對他的記憶永遠都存在，永遠都是美麗的。那個幸福美滿的感覺，為我的生命注入了極為強大的力量

◎「永齡長春」的哲學更著重在「藝術家」的精神——怎麼樣可以活得更美好，怎麼樣可以活得更健康。

——我知道有人愛我，有人懂我；光是這件事情就可醫治百病。在年輕時，把這一堂課修好，當年紀大時，左看、右看都是幸福，都是安慰，都是滿足與感動。

我長年在舉辦的Love Seminar（尋情歷險坊）、成功領導者講座，幾乎上千場的工作坊與講座，內容都會涉及愛情、婚姻領域，不斷在講這些東西——如果你會講話；人生有多麼的開心，如果你可以談戀愛，人生有多麼地精彩。我也大力推廣年輕人早點結婚、生小孩，鼓勵眾人建立自己的家庭，早點磨合；不管有沒有結婚，都鼓勵大家把「談戀愛」這件事情練好，好好地學會溝通。但即便講了這麼多，還是有人不願意涉及愛情的領域，覺得跟另一個人相處實在太麻煩，更何況還要在一起一輩子，簡直是太恐怖了。這到底值不值得呢？就見仁見智了。

對我來說，要是沒有了這個部分，人生的色彩是很不一樣的。今天，我的人生因為有了圓滿的愛情，這不是畫龍點睛的效果，而是整個生活的主軸——我在年紀很小的時候就知道，自己來到這個世界是要來結婚的，我是來享受戀愛的，是來當家庭主婦的；我的存在就是為了愛另一個人，同時也是要來被愛的。對我來說這個目標非常明確，而且非常重要。我追求「永齡」的目的之一，也是為了跟老公在一起。

老公常常會對我說：「老婆，妳要活到幾歲？我要陪妳，因為我比你大，我要活久一點。」

聽到他這樣的心意，就會覺得很可愛。如果是提到「常春」，應該要有非常愉悅的心情，要有能力去愛身邊的人，這樣很容易滿足，很容易快樂。

在「永齡長春」裡面，為了讓老公開心，我一直想盡辦法讓自己看起來很漂亮。雖然他已經沒有像年輕時那麼地要求了，而且我所達到的目標，也早早超過他的想像——如果滿分是一百分，他給我的分數是一百二十八分，在他的心裡，他的老婆已經超標了，永遠都是為他而不斷努力著。這件事雖然是我們私底下的情趣，從「永齡長春」來說，我為了老公努力做到「女為悅己者容」；我也為了追求愛情圓滿進一步地去探討、研究；我也想挑戰自己老了還是能夠維持的很漂亮；可以跳舞跳到最後一天……這些期許的源頭和動力，跟我的愛情、婚姻密切相關。

有此境界的人，都會明白愛情跟婚姻圓滿的這件事，在生活中到底佔了多麼重要的角色！這就像在打扮的時候，整個色系所選擇的「基底色」，或是精油配方裡

◎你知道今天的自己跟昨天有什麼不一樣，目前的自己更健康、更自在、更舒服，更能享受人生的美好。

的「基底油」。對我來說，我的人生所選的基底油、基底色，就是我的婚姻幸福，就是我的愛情圓滿。所以，我的感情世界非常豐富，我有非常多知心、有默契、可以深聊的朋友，這些都為生活添增了許多豐富色彩。

我個人的領悟是：這絕對值得每一個人去學習探討，值得花一生的時間去奮鬥，值得你去跟另一個人磨合，值得你在年輕時就不斷耕耘。當走到人生的後半段，你可以好好享受，因為這是身心健康的特效藥，比吃一堆補品來得更有效。

老夫老妻，要如何保持情感？

用「保持」這兩個字形容，感覺上，並沒有非常好的意思；因為情感「保持」到最後的結果，就是品質下降。

當然啦，你們平時怎麼對待彼此，只要是「好」的，就繼續做；「不好」的，就不要做。要是你每天做的「保持」，都是那些食衣住行的事，可想而知，日子自然是滿無聊的，可能彼此感情已經沒有以前那麼好了，就只是相敬如賓地維持下去，吃吃飯，噓寒問暖；這麼做的意義並不大。

比較好的方式是：從年輕的時候，就要好好經營夫妻的感情，到老了之後，還是可以不斷的創造；不過，這必須配合彼此的速度跟體力，兩個人盡量包容，能夠互相鼓勵。夫妻在一起，有沒有成為老夫老妻，還不是主要的問題。比較重要的是：多鼓勵，多講一些笑話，多講一些情話。那些不舒服、不愉快的話，點到為止，不要去提比較好。但你若有本事跟另一半長期深聊，就可以慢慢地進行越來越有趣的討論，這種高品質互動是要仰賴多年的練習。

◎你會更加認真、專精地投入在目前你所做的這件事情。不管這件事情為何，你都會非常地樂在其中，又深具挑戰。

我朋友的媽媽，每天都要講自己哪裡痛，除了這些話題以外，也沒有別的話可以講，他就是告訴你「他不舒服」。如果是這樣，別人聽久了，原本感情再好也變不好了。當你只是一直在抱怨，無論對你的小孩、鄰居、朋友全都沒有好處；更不要說朝夕相處的老夫老妻了，沒有人會想要跟你講話！這是很重要的修養。

如果夫妻彼此之間的感情要好，還是要有能力創造話題，創造一些樂趣。盡量表現的可愛一些，多講一些正面的、鼓勵的、關懷的話，大家才會覺得舒服。可是，如果一天到晚只是嫌別人，又要罵、又要唉，又要抱怨、又要嘮叨……感情是不必繼續維持了，能離家出走的都會盡量跑出去，沒辦法出去只能待在家的，就只能選擇沉默以對，搞到大家沒話講，你得要為這樣的狀況負責任。

這些狀態存在的原因很簡單：因為只有負面的溝通。你的表情、呈現的模樣很難看，跟你在一起很不舒服，情感當然沒有辦法保持下去；這樣的關係就算繼續下去也沒什麼屁用。愛情磨光光，好心好意都不存在，因為溝通的基本條件已經喪失了。

年輕時，就得不斷的學習創造；到老的時候，你要更有品味、更有自己的風格，也更能夠包容不同的想法，溝通要很積極正面，別人才會跟你有話講。如果你所做的，全都不是人家的需要跟想要，那感情當然是維持不下去啦。這是所有人都必須面對，要體認的，不是一直在想自己的世界發生什麼事，畢竟這個世界不是只有你一個人。

人活著，還是要一直跟別人接觸，多跟人家交流，你做的都必須是別人的「需要」跟「想要」。雖然有時你可能會覺得委屈，怎麼沒有人做的是你要的？如果你能轉過來這樣想：你有本事做出別人要的，你就會比較被人家喜歡，受人家歡迎。相反的，如果只是一直要求別人做出你要的，最後沒有人想要跟你在一起，你會越來越孤獨，話也會越講越少，再親近的人也會越來越疏遠你，你也會看到那些在意的人，臉上的笑容越來越少。

所以，你必須知道自己應該努力的方向——「正面」。

所謂的「正面」，並不是接受一時的鼓勵而已；因為過去承受的那些痛苦與難受，都必須把它處理掉，才有辦法讓人生轉向成「正面」。若不是從年輕開始就很努力的去處理，不斷要求自己進步成長，一般來說，應該都是做不到；因為心裡就

◎「極限」並不是別人給的標準，而是不斷地超越你自己的天花板。

是不舒服、不喜歡、不愉快等等，臉色就是難看，忍不住就要生氣、吵架、罵人，那當然就無藥可救啦！

爲什麼我們常要探討人生到底是怎麼一回事？爲什麼從年輕時就要開始進步成長，找到真正該努力的方向？這麼做的目的，就是當你到老的時候，還是可以盡情享受感情，可以樂在其中。我們所找尋的答案，不是短線操作的捷徑，而是長期的耕耘，才會邁向更好的未來——樹長對了，才有機會繼續長得更好，這就是「永齡長春」的精神。

工作和事業

要達到「永齡長春」的境界，有一個秘密相當重要——「工作」。

綜觀一個人的一生，大部分的時間都會花在工作上。或許是為了賺錢謀生，也可能是為了興趣，或是有其他的理由，總而言之，工作所佔的比重相當多。如果一個人在工作上沒有放入心力，其實生活多少會失衡，有一點失去重心。你可以去觀察那些失業的人，就曉得有多痛苦。

工作很重要。不管你再怎麼討厭它，至少也得為了生存而工作。如果找到自己喜歡的工作，不管其他的領域發展如何，至少工作這一塊會給你非常強大的支持。當然，這當中還有很多的細節可以討論。想要真正達到「永齡長春」並不是簡單的事情，卻也不是難如登天，你必須了解有很多的基礎要打好，有很多的條件必須先成立。

就好比說，一株植物要長得好，你得先給它肥沃的土壤，天氣條件也要適合——陽光適中，水份也要足夠，甚至連蟲子、鳥類以及其他生物的習性，相當多的細節都得搞清楚。

在工作裡頭，能把這些細節搞到多清楚，就能創造出相對的成就。你沒辦法處處都仰賴別人，也就是說，某種程度是看你能不能夠獨立自主，有沒有辦法不靠別人，自己把問題處理好，遇到困難是否能夠不放棄，繼續努力、奮鬥不懈。那是一種精神上的修練。

工作還有一點很重要，就是「進帳」。進帳是指賺錢嗎？是，但意義不只賺錢而已。就是說，在工作裡頭有很多跟生活相關的調整，除了工作之外，怎樣還能把生活的各項細節弄好？而且，工作可能不只一個，有些人兼職兩三份以上不同的工作，一起執行時要怎麼分配得宜？這就像雞蛋是否該放在同一籃的概念。

大家都有自己的主業，這一定是你全神貫注的工作，可能再搭配一兩個副業。如果你對副業特別有興趣，花了很多精神去經營，就有三個進帳的機會。要是其中一個工作完蛋了，還有另外的收入可以養活自己。

工作的多元化，除了分擔風險之外，還可以讓生活變得多采多姿，培養不一樣的責任感和能力，對於時間掌控也必須更有效率。以精神上來說，因為有其他的收

◎如果沒有做到極限突破，就會變成是一種習慣，或者是「生活都是這樣」的常態，每天都重複一樣的形式，就沒有什麼意思了。

入管道，生存壓力也不會那麼大，而且這些副業，很有可能創造出和主業完全不一樣的風景。

工作對「永齡長春」特別重要，只要你還有事情做，就不會有退休等死的感覺，或者是當你退休了之後，還有別的事情可以做——有事情做，就等於還有未來。如果只是時間到就退休，常常沒事做，也不曉得可以幹些什麼，好像這個世界有沒有你都沒有差別，意志變得愈來愈消沉，這種感覺就像在坐牢，在等死。

有些人沒有工作，常常去遊山玩水，或者有退休俸，生活似乎過得無憂無慮，這就是最大的迷思——其實，「無憂無慮」就是一種憂慮！當生活無憂無慮時，就沒有繼續前進的方向；這種日子過久了，就會出現「漂泊」的感覺。你本來有個方向可以往前進，那現在不必往前了，那就只好到處亂跑，或是停在原地，或是轉圈圈，不曉得下一步該去哪裡，反正人生沒有再繼續前進了。那種漫無目的，對「長春」會造成非常嚴重的傷害。

人要「長春」，就要「變化」。「長」，有延伸的意思。當你見著一株神木，它不見得會從一棵樹變成三棵那麼大，但是，它持續在成長、在呼吸，往下紮根、開花結果，不斷地冒新芽，矗立在那個地方遮風擋雨。你看到神木，不會覺得它在那邊忍受，而是在那邊享受，那是非常不一樣的心境。

有工作，有了事業，生活就有不一樣的重心。如果把生活當成一件毛衣，你一直編織著它，可是上頭什麼花樣都沒有——單一的顏色，沒有任何的設計，完全只有編織的做工。如果是這樣的話，樣式當然就很無聊。換做是生活，就是少了很多色彩。

如果你織一件毛衣，編織法有所變化，有很多凹凹凸凸，甚至各式各樣的紋路，再搭配不同顏色的毛線進去，在某些部位設計一些圖案，那麼，這件毛衣看起來就跟一個完全平整、單調的毛衣很不一樣。要是你有本事織出一件平整又有質感的毛衣，代表你的手藝相當出色，不需要依賴圖案或不同的顏色，就能達到相當高的水準。有沒有質感的重點，在於是否「用心」去創造。

當然，毛衣想要怎麼編，這是個人的選擇。重點是：如果你只具備一種編織的能力，或是你要的生活就只有這樣，那結果自然是非常單調，平淡無奇。反過來說，如果你可以設計出不一樣的圖案，學會不一樣的編織方法，你可以選擇編成直線條，

◎趁你的狀況還可以的時候，不要把生活變成「公式」。

也可以讓線條反覆交錯，或是你有本事在短時間織出很多件，甚至量大到把毛衣拿去賣，生意還很不錯，客人都很欣賞，這也會變成你專屬的風格。

你並非一定要多才多藝，或是非得學會什麼技能不可；「永齡長春」最忌諱的是因為不得已，所以只能做到這樣，或是從來沒有思考要換成別的樣子，又或者你根本沒有仔細設計，等到毛衣織完了，才要去改變那些針線紋路的走法，就已經來不及了。

換句話說，「永齡長春」的重點並不在於生活有多花俏，或是有多少的妙招，而是更多的思維、更多的討論、更多的承傳、更多的交流。很多事情在還沒有開始做的時候，就有前人的承傳、後人的支持，然後跟一些志同道合的夥伴互相討論，激盪出更多的火花，在生命中創造更多元、更精彩的樂趣。

就算選擇平凡的生活，你也可以在平凡裡增加細緻度，增加質感，讓自己更樂在其中，或是變得更有效率。不管你的選擇是哪一種，都要能夠成長、延伸，要繼續的擴展，那才是讓生命具備張力、有無限樂趣的地方。

我是一個工作狂，工作對我來說不是壓力，而是一種極度的享受。儘管過程中會遭遇很多問題與苦惱——比方說，有時候要上法庭，有時候要回覆消費者，有時候要受到很多不同觀念的打擊，這些都是樂趣！這些過程，並不一定會讓我哈哈大笑，然而，生活本來就是充滿起伏與挑戰。

就好比說，我們有時會非常怕颱風，或是航海時非常怕遇到暴風雨。可是，這世界本來就是這樣運行的呀！人生本來就有很多的悲歡離合、生老病死；如果你腦袋想的，全都是要避掉這些一定會經歷的事，這樣的人生反而是相當痛苦的。

我們該做的並不是去「防止」，而是能夠處之泰然的面對，甚至有本事去享受它——在人生裡，事業就是這樣的一個東西。為了工作，為了建立你的事業，你的人際關係、團隊的凝聚、領導統御能力、事情掌控的程度、市場的後續發展等等，對所有的能力都是極度的考驗。這些考驗，會讓「永齡」變得非常有趣——你的時間就只有這樣，沒有辦法再延續，尤其是當夢想接近成功的時候，突然來一場大病或是天災人禍，要是不做出適當調整，就會功虧一簣。

我有一個朋友很有想法，可惜年輕時就生病過世了。他離世的面容，眼睛是

◎ 你身上所擁有的每一項才華、興趣，甚至連交朋友、溝通的量與質，全都可以靠著學習而不斷的極限突破。

合不起來的，給人感覺就是「死不瞑目」，他對於自己必須要離開的這件事非常不開心。我們也不可能做到每次離開的時候都很開心，至少本書所提到的「永齡」是在有限的生命裡，可以盡量延續、享受所有你想要去完成的事情，這些都在你的計劃當中。這也是為什麼我們要如此重視「健康」的理由——健康的狀態好不好，跟「長春」能維持多長久，很有關係。失去了健康，可以瞬間倒掉你的事業，抹殺掉愛情，甚至於家破人亡。

有人說：「久病床前無孝子」，這種事情會讓你覺得人生沒有辦法在計劃之內。或許，你自認已經做到最好的程度，只要健康出了問題，就表示你所能做到的「最好」還是不夠，似乎只能盡人事聽天命了。

所以，「永齡」就是讓我們在生活裡不但盡全力，還要想辦法突破，這就是前面所提的「極限突破」，不斷地研究、想辦法，因為目標在未來，你能做的就是繼續往前走。

「長春」就是你過的生活是享受的，你喜歡自己選擇的工作，你認為工作是有樂趣的。就算閉上眼睛離開這世界的時候，你是心滿意足的。

「永齡長春」盡量是可以做多久就算多久，沒有退休的打算。如果你在一般公司工作，年紀到了一定程度必須退休，那就更需要去安排計劃，在屆臨退休的二十年前，就該為後面的生活做好準備，不是突然退休後變得意志消沉，或是天天玩樂，無所事事。有很多人在退休以後，沒有特別的事情幹，就生病了；有事幹的時候，畢竟責任在身，反而比較不會生病呢！就像在打仗的時候，你就算受了傷，因為要活下去，還是能跑能跳，反而好的比較快。所以生活裡還是要有目標，會比較健康。

「永齡長春」本身就是一個目標——你會一直往前，朝向無限未來，所以很美。你一直保持在青春、百花齊放的喜悅，並不是人生沒有春夏秋冬，沒有難過、貧寒那些負面的事，而是經歷四季、各種不同景色變化之後，還能保持喜悅。這樣的人生很豁達、很開心，同時也充滿著生命力，我覺得這是非常非常偉大的成就。

◎創新的程度越高，越是能夠讓自己保持長春。

娛樂與運動

生活是多采多姿的，不可能全都是工作，一定也有娛樂。娛樂跟工作都需要花時間、精力去投入，兩者之間最大的差別，就是工作有目的，娛樂沒有目的。去從事這些娛樂，通常都不會有什麼特別的目標。

「永齡長春」要做到讓生活有新的變化，其中的一個秘密，就是必須要有娛樂。有時候做一些偶爾才會做的事，或是突然來一些不一樣的活動，就好像好幾年才出國一次，或是跟孩子去遊樂場、參加萬國博覽會之類的事，這是很好的調劑。

不過，「永齡長春」的生活裡，原本就應該去經營一些娛樂，而且讓它變成一種「常態」的性質，一個鑽研很深的項目。這種娛樂，跟一般所認知的定義不太一樣。

以我自己的例子來說，我一開始選擇跳探戈就是純娛樂——因為也不比賽，沒有競爭，沒有什麼特別的目標，純粹就只是喜歡跳。但是，探戈跳到後來，變成生命裡極重要的一部分，一定要一直練，一定要參加相關的活動，然後身邊有同樣興趣的朋友。我必須確認自己能夠負荷這樣的運動量，要維持在日常生活的規劃中。

為了跳探戈，我費了很大的心力。雖然它不比工作重要，畢竟這種事在忙碌的

時候可以調度，並不是非做不可，但是學習的進度、練習的保持與下一階段的延伸、突破極限的條件一直都存在，認真的程度並不亞於工作，並不會因為它是娛樂就態度隨便。既然要做，就得像個專家一樣——雖然我們並沒有那麼厲害，但還是需要非常虔誠地把娛樂搞好。

娛樂本身，也是一種運動。它可以讓你滿頭大汗，同時也要進行體力、肌耐力等等的基礎練習，所以，它又結合了運動的範圍——重點就在於「結合」這兩個字。把娛樂和運動一起結合，並把它成為生活的一部分，這就牽涉到行程規劃，把時間放到那些你喜歡的事情上頭。

前面有提到：你喜歡的事情、好的事情就多做，至於那些不健康的事情就少做，甚至完全不去碰它。運用這樣概念，時間必須耗在那些你需要做、需要用心、想要成就的事情上頭。如果不是的話，就不要把時間浪費在那些項目。把時間放在你喜歡做，而且會讓你很愉快、很健康的事情上，放在你可以盡情享受的事情上，就是正確的方向。

有些時候，我會需要去參加探戈馬拉松的活動，需要熬夜，甚至要搭長途飛機，這些都是額外增加的瑣事，卻讓我感到無比的快樂，因為它就是生活的一部分，而且很有成就感——我知道自己進步了，突破了過去的極限。寧可把時間放在這樣的事情上，會比去做一些打發時間、跟人生目標毫無相干的事情好太多了。

當你年歲漸漸增長，最不該浪費的資源，就是「時間」。要是你常去搞一些沒有意義的娛樂，東湊一次、西湊一次，長期累積下來，耗了這麼多時間，最後什麼結果都沒有，就像花籃提水一樣，這樣的娛樂就不建議你去做。

不管做什麼事情，做多、做少都沒有關係，到最後都是「積沙成塔」的概念，那就是「永齡」裡面你應該要做出正確選擇的方向。我們可以把它變成「長春」的狀態，因為做的事情你都很喜歡，做起來很快樂，也非常有意義。

所以，「永齡長春」有一個很大的考驗，就是看你是否能把這些事情完美地「結合」——你做的所有事情，都是你喜歡的、很享受的，這樣的永齡長春才會有意義。它是不斷的延展，像一個文明會不斷前進且代代相傳的概念，會越來越好、越來越美。

◎如果沒有努力，你到不了人生的另外一個層次。

當我活著的時候，我會用盡全力善用所有資源，不管經歷什麼樣的挫折、痛苦，都是為了更美好的明天。把它結合起來之後，工作、事業、娛樂、運動甚至養小孩，全都變得非常有意義，生活剩下的就是盡全力去奮鬥、努力。這樣的人生看似很辛苦，但是最後都會苦盡甘來——吃盡了人生所有的苦之後，苦難就再也無法折磨你了。要是你完全都不想吃苦，每天腦袋裡想的都只是怎麼享福，等到所有的好運都用盡之後，再也沒有福氣可享，就準備要大禍臨頭了。

把吃苦當吃補，一直往前，那種精神就是「永齡」。聚合生活裡的各種形式，你做的每一件事情都會讓你更強壯、更有未來，就是「長春」的概念。「永齡長春」會讓你的人生越來越有希望，也可以將各環節調適到非常細緻，不管做任何事情都會變成一體。當你的整合能力到了一定的水準時，你會發現自己和其他人的生活與未來，全都是一體的！要是你能做到把身邊的人事物統統都結合的時候，生活樂趣就會急速倍增，變得非常不一樣，也會產生出無限的感動。

一心多用

有一句成語叫做「一心二用」，意思是心思放在兩件事情上，指分心、不專注。也就是說，一般人對於專心的想法，就是要做到一心一用。那麼，這裡所提到「一心多用」，豈不是跟這樣的觀念完全相反？為了讓讀者有更清楚的理解，這裡將對「一心多用」做進一步的說明。

所謂的「一心多用」，並不是多頭馬車那樣，不是要你做事情不專心，而是為了要在生活中創造更多元的趣味。這是一種訓練自己運用心智的方式，也是一種極限突破的概念。

「一心多用」是生命生生不息的感覺。就像樹上的新芽有很多，同時都在不停地生長著；也就是說，「一心多用」是為了樂趣，而不是為了折磨自己。所以，這不是一種強制執行的方法，也不是一種外在的要求，而是一種享受——享受生活的所有事物，能夠更有效率地被執行。

當然，效率能提升多少，是來自於練習的數量，也來自於你對訓練自己的要求有

◎精神上的快樂，是一種能力的增加，是一種感知的提升，是一種「我知道我可以」的滿足感。

多高。這些生活小細節，並不是你非得一定要這樣做不可，我只是分享個人的成功動作，是一種觀念上的思維。要是你連一心一用都很難做到，也不必要強制自己去做，因為這樣對你來說根本就不是享受了，反而是受罪。你要做得很有樂趣、很喜歡，覺得「一心多用」可以發揮更多創意，讓生活提升效率，這樣才有意思。如果你覺得這樣一點都不享受，那我勸你就別做了，因為「不開心」對永齡長春就是背道而馳的方向。

但是，「一心多用」到底好或不好？我個人並不把它當成是「對錯」的問題，而是一個可以再精進的目標。也就是說，假設你就是喜歡耍廢，能躺就絕對不坐，能坐就絕對不站；其實懶惰也沒什麼不好，如果擺爛的日子真的快樂到難以言喻，那你就該盡情耍廢發懶。但是，耍廢後面所發生的結果呢？既然這是你自己的選擇，你應該也要自己承擔，對不對？你懶到生病了，懶到沒有工作，沒有收入，懶到沒有人想跟你一起生活，懶到什麼都不收拾，家裡跟垃圾場一樣又臭又髒，然後你只是在那邊混吃等死……那這樣的畫面，是不是你要的？要是你的生活變成這副模樣，還希望別人幫你扛；今天換成是你，你願意幫別人扛嗎？

我老公常常跟我說：他人生最大的樂趣，就是懶惰。他甚至這麼說：「如果我沒這麼懶惰，我的人生可能也不會這麼成功。」或者是：「要不是前面曾經這麼懶惰，可能後面也不會這麼努力工作。」之類的話。對我來說，他幾乎是把懶惰當成人生的最大娛樂，他覺得懶惰很享受、很快樂；但工作時，他也是全力以赴的！這是他平衡人生的方法。

不過，如果懶惰是你的習慣，是你的工作態度，你明明知道懶惰是生活的致命傷，而且還不能有效地控制，那就會對後面的人生、對生活的效率產生很大的問題——你人生的成績不會好，你想要的畫面並不會如願地出現，這也是一個值得去深思熟慮的事。

現在要講到一些「一心多用」的例子。這些例子都是一些生活上的小細節，提供這些例子的用意，是我藉由這樣的方式增添了更多的生活創意，在有限的時間裡處理更多的事情。這些都是我自己的親身體驗，僅供大家參考，沒有什麼好壞對錯，你不一定要依樣畫葫蘆，你可以創造適合自己的組合。

◎ 當年紀越來越大，還想要維持年輕的狀態，你需要付出的努力，也要比年輕時更多才辦得到。

第一個例子，帶狗散步。

散步的時候，你可以帶著狗一起出門，而不是為了狗才去散步，這兩者是有差別性的。很多人去散步的理由是被狗逼到不得不去，他一定要帶狗出門，如果不帶牠去，這隻狗很可憐啊！我既然養狗了，就應該要帶狗散步……這就是「為狗而散步」。

照理說，你是主人，散步是因為這是你需要，所以帶著狗一起去，這樣一來你開心，狗也會開心；而不是為了狗才非出門散步不可。如果是為了狗才出門散步的人，他常常把注意力放在那隻狗身上，看牠到了外頭有沒有大便，如果狗還沒有大便，就叫牠快一點拉完，處理完了就回家去。那種感覺就像是趕工作、趕進度，而不是沉浸在帶狗一起散步的那段愉快時光。

生活裡有很多雜七雜八的瑣事，需要你把這些行程結合在一起。至於怎麼結合，也考驗著你怎麼去做時間管理，把這些事情盡量整合在一起。你可以一邊散步一邊遛狗，也可以去倒垃圾、買晚餐、拜訪鄰居等等，很多事情可以在同時間一併處理，而不是生活裡到處充斥著「不剛好」、「沒時間」，然後想到這麼多事情都沒做，只能發脾氣——光是搞到很生氣，就很難做到「永齡長春」了。

tango
Frostbite
NOVEMBER 15
Special theme: 100 YEARS OF TANGO
IN FINLAND

所以，生活中需要一些整合的計畫，而且主從關係要搞清楚：是因為你需要散步，所以才帶狗一起去，狗喜歡陪你，就讓狗陪你去，大家也開心。

第二個，我在看文件的同時，會一起敷臉。

有些人會說：「敷臉？多浪費時間呀！」

許多有需要敷臉保養的人，平常行程又很忙碌，那是不是就乾脆不要敷臉了？把面膜放到臉上，只是兩分鐘的事。其實敷臉這個動作並不會耗太多時間，重點是後續的處理。

我選擇的敷臉方式，是挑選敷臉後不必再去洗臉的面膜產品，也是比較有效率的保養方法。要是你敷完臉後還要洗臉，甚至去專業的地方請人幫你洗，那確實就麻煩許多。我只需花個兩分鐘把面膜敷上，後面的時間就可以看文件、整理東西，或是練站樁、做一些重量訓練。如果是躺著敷臉，就可以聽錄音、聽音樂或是聽一些報告，同時間做很多別的事情，而不是說為了敷臉，其他什麼事情都沒辦法做，然後一天到晚抱怨：「哪來的美國時間去敷臉啊？」

我聽過很多女孩子會這樣講，沒時間減肥、沒時間保養、沒時間運動、沒時間交男朋友……「時間」是人找出來的，時間永遠都在。只要你想做，永遠都會有時間的，就看你怎麼安排而已。如果生活裡面一直有安排這樣的穿插行程，當你習慣了，就不會覺得麻煩。

舉一些生活的例子來看，像是通勤的時候，可以收聽線上學習的課程；倒垃圾時可以跟鄰居聊聊，交換一些情報；上廁所時翻閱一些書籍，把想讀的書分次看完；在換衣服的同時去思考等一下要幹什麼；旅行過程中多拍些照片準備出書，或是做直播節目之類的。這些都不是特別麻煩的事情，就是記得把行程穿插進去，就能做到了。

其實，不只是日常的活動需要整合，就連一般工作，也一定會穿插著許多動作。比方餐宴之中，服務生在每一輪上菜之前，都會整理前一輪吃剩的菜餚，幫來賓補上飲料或是更換新的碗盤；要是每件事都分開處理，勢必會耗掉許多時間。

生活中有太多的事情可以做，也有太多的事情可以重疊。你也可以做到「一心多用」，以敷臉來說，它是我生活裡面不可或缺的保養，但是，我也有很多更重要

◎努力，是為了讓未來變得更好。那個「更好」，到底有沒有「價值」？那就是你的幸福感、個人的成就感、閱歷生命的喜悅，而且會帶來前所未有的感動。

的事情需要處理，怎樣把敷臉的時間加入其他行程，更有效率的運用時間，類似這樣的整合動作，非常考驗我如何去安排自己的生活，能否過得更充實、更精采。

再舉一個我自己一心多用的例子：一邊開會，一邊插花。

有人會說：「這樣不是很奇怪？你開會感覺不是很認真。」

會議有很多種形式，不一定都是氣氛很嚴肅，也不是一定要站在講台前面，面對很多人簡報才叫「開會」，那些都是制式化的刻板印象。現在有很多會議都是線上執行的，跟別人聊天或是開會討論事情，我可以坐在那兒一邊講話，甚至還可以一邊插花，對我而言這並不是什麼困難的事。

我在顧問工作之餘，還有很多幫人作媒的任務。我常會一邊聽對方訴說他的工作，了解對方的喜好，聽相關人等的報告。在對談期間，我常一邊插花，一邊跟對方說話，這是常年累月訓練下來的能力，讓我更有效率地運用時間。

除了插花之外，我也常一邊吃飯，一邊跟員工交談，交換一些想法。很多人會約吃飯時聊生意，也是一種「一心多用」，我也非常喜歡這種方式，吃飯、喝茶，見面聊事業、交朋友，非常有趣。當公司夥伴一起搭車的時候，我也會跟員工在車上直接開會，這些都是交互結合的思維，練習在同一個時間裡，試試看還可以多做哪些事情。

要是你每次同一個時段都只能做一件事，其他的事情通通不理它，然後在那邊一直覺得很奇怪：「咦？你怎麼有空處理這件事？」

「你怎麼一邊開會，還一邊做其他事情啊？」

「這樣不是很奇怪？你不會分心嗎？」

我沒有這樣的感覺。對我來說，一次處理很多事情很輕鬆，很自在，但這都是「練」出來的。有時候散步一下，或是喝個茶、喝個咖啡，我就可以把很多新計畫給處理完，像是怎樣去進展新的比賽，舉辦新活動，邀請新人加入團隊，或是拓展新客戶、進行廣告宣傳等等，這些都是在生活當中聊天裡就可以處理完的事情。不是一定要非常嚴肅，好像大家一定要坐在那邊不能動、亂動就是不尊重會議，插花就是沒在認真溝通……我覺得倒也不至於是這樣。

我的生活，大部分是相當輕鬆自在的。當然，有些時候確實是如同打仗般緊張，

◎從學習的角度來看，首要之事就是「確認方向」，明白自己要去哪裡，後面再來談要怎樣行動。

像是接受外面的媒體錄影或是參加電視訪談，我去到別人的場地，必須要做別人要求我做的事，當然就不可能一邊接受訪問，還一邊插花。不過，如果是我做自己要做的事，像是自己人在拍紀錄片的時候，我就常常一邊插花，一邊跟別人講話，因為這就是我最真實的樣子。不管是哪一種形式，我都不覺得有什麼衝突——照我的方法，我很喜歡；照別人的方法，我也完全沒問題，兩邊都是一樣的心情。當可以做到這樣的程度，就非常符合「永齡長春」的概念。

第四個：想事情的時候，盡量走路，不要坐著。

我們常常坐著發呆，坐到肚子都圓了，屁股都腫了。思考事情的時候，只要還能夠「動」，就盡量別選擇「靜」下來，寧可選擇走路而不是坐在那邊。不過，每天花一些時間特別靜下來沉澱，跟自己的感覺接線，仍是必要的。也就是說，動靜兩邊要能夠平衡，過與不及，得要你自己去調整。

還有一個選擇「動靜」的調整條件：考量一整天下來的運動量。

如果你覺得一整天下來很疲倦，那當然就不必刻意去跑步；然而，當身心靈狀態感覺疲倦時，其實出門走走路，去看看路上的行人、外頭的景色，是非常健康的。

我無論工作多麼繁忙，身體感覺多累，出門散步是每天必有的行程。有時候外頭颳風下雨，我也一樣出去走路，不覺得討厭或麻煩，只要穿對的衣服就可以出去走，穿個雨鞋漫步在雨中也蠻有情調的，春夏秋冬，晴天、雨天，都是不一樣的風景。

第五個例子，我會在泡澡的時候寫東西。

很多人一聽到我這麼說，馬上會講：「太誇張了吧？你的紙不會濕掉嗎？」泡澡濕答答的，不方便在紙上寫字，這是事實。有些我處理過的公文上都有濕掉的痕跡，那是因為我在泡澡時一併看的。雖然會有些不方便，但這些障礙可以設法克服。我的處理方式，是將頭、手露出在水面上，身體泡在浴缸裡頭，浴缸中間有一個供我閱讀的架子。

很多人會認為，做一件事情的時候要專心，最好不要做其他的事。有些事情需要高度的專注力，或是牽涉安全的問題，當然就不建議同時間處理多件事。我並不是鼓勵別人一定也要這樣做，只是希望讓讀者知道，生活裡有很多的小細節，可以

◎你會想要知道更多東西，不是只有好奇心，而是一個你有沒有想要了解，你有沒有目標，有沒有想去探索、研究的心。

嘗試「一心多用」的方式來執行，合併著一起處理，而不是目前在做這件事情，其他的事就沒辦法做。

有些人可能會覺得，「一心一用」都很困難了，還要提什麼「一心多用」？沒錯，「一心多用」的能力，是需要長時間培養的，從越年輕開始練習越好。生活中有很多瑣碎的雜事，就算年紀大了，這些事情還是避不開，需要你花時間去處理。如果平常就有練習「一心多用」的能力，把這些瑣事很好的結合在一起處理，就會有更多時間去經營你想做的事情。這是一個「永齡長春」可以思考的方向。

最後一個，陪小孩的時候，選擇讓自己一起「動」的方式。

你去公園會發現，很多父母陪小孩是坐在那邊看著孩子自己玩耍，大人的態度是不希望被孩子干擾，等到孩子玩夠了，才一起回家。這樣陪小孩的方式，雖然不能說不負責任，至少也是確保了他的安全，但你陪孩子可以一起做的事情其實更多，也可以趁機學習跟孩子有更進一步的互動，或是跟著一起活動筋骨。你最不該做的，就是坐在一旁滑手機，白白浪費掉和孩子一起活動、一起成長的機會。

如果是「一心多用」的角度，除了跟孩子一起玩，也得想辦法耗自己的體力、腦力。孩子玩的那些遊戲，要是我陪你一起玩，我還可以做些什麼？這是更有意思的，別只坐在那邊，而是參與他的遊戲。

我們公司職員的孩子有舉辦遠走活動，大人也會跟著一起走，小孩子走十公里，大人也一起走十公里；如果孩子在那邊玩沙，或許大人不一定要跳下去跟著一起玩沙，至少也可以陪他講話。若你坐在旁邊不理不睬，好像你是請來的佣人一樣，孩子並沒有真正被「陪伴」的感覺。如果小孩很專心地玩他的，別人很難介入，那你就趁機玩你的，也是一種一心多用呀！

關於陪小孩的這件事，並不是你待在那兒把時間全部都給他，所以會覺得養小孩很麻煩，或是光陪著小孩，其他事情都沒辦法做了——你得想辦法把其他事情結合在一起。我認為這是很有趣的事！既然「陪小孩」是為人父母不可或缺的一部分，你一定要花時間陪他，那你也一起下去玩，可以做一些事情，過程中不要忘記跟孩子互動，因為你要做的事並非只有「陪」而已，所有的動作也要包含教育的意義。

在帶小孩的時候，我自己梳頭，也會幫他梳頭。一起吃東西時我一定會配話，

◎物質上的東西，其實都很簡單，久了，你就沒興趣了。日子想要有趣，就是當你跨入不同的領域，想了解從未接觸過的領域，就會非常有趣。

告訴他一些關於食物的知識或餐桌禮儀；他在公園盪鞦韆，我可以在旁邊甩甩腿、甩甩手，或是跟他講話，有很多事情可以做，而不是坐在那邊瞎等，甚至覺得帶小孩很麻煩，好像我的青春都耗在陪他長大，時間都浪費掉了。

我覺得有小孩可以帶，能跟他們一起成長，是一件非常值得感恩的事。最好我們的身邊永遠都有孩子，他們會跟大人有純真善良的互動，但又不可能期待孩子永遠不會長大；你希望跟兩、三歲的孩子玩，沒過多久，他就成長到七、八歲了，你無法享受到孩子三歲時的互動樂趣，那就要有另外的小孩，不一定是你自己生的。當我們年紀漸長，必須學會跟身邊的朋友維持良好的關係，而且後生晚輩的朋友多多益善，才會有很多的接力賽，不停地有孩子來拜訪你，有更多的機會跟孩子們接觸。

從親子兩代、祖孫三代，甚至延續到四代、五代，從孩子成長過程所感受到的喜悅，也是你生命的一部分，那種感覺是無限延伸的，生活就是一種「永齡」的概念。無論你年紀多大，身邊只要有孩子在，就會讓你感受到無限的生命力與樂趣。

人生要有很多變化，創造很多樂趣，所以要學會不一樣的結合。以上的例子都是一些生活上的小細節，提供出來給大家參考。每個人的生活步調不一樣，速度也不一樣，你會選擇的事情跟組合也不盡相同；希望這個「一心多用」的概念，可以讓你的「永齡長春」更豐富，活得更精彩！

◎只要有未來，人就有活下去的理由；如果你沒有未來，你所想的永遠都是過去，那就幾乎是在等死。

HCFG

後記

回到一開始，提到我想寫這本書的初衷，還蠻有趣的。

我常常幻想著自己可以一直呈現很美麗的模樣。例如皮膚漂亮、身材曼妙、頭髮烏黑亮麗、動作輕盈，說話妙語如珠、體力用不完、精力旺盛、跳舞姿態很優雅等等。但等到老了才明白，不只在臉上出現皺紋，竟然連腳上都有，影響範圍實在太驚人了——眼睛看不見，走路膝蓋還會痛，簡直是莫名其妙；更怪的是，怎麼會那麼累？怎麼會出現那些毛病？記不得也就算了，就算自己以為記得的，竟然還記錯！

Oh my god！

於是，我忍不住問自己：「真的老了嗎？」

「不會吧？我一向充滿幹勁的。『老』這種事，真的會發生我身上？」

實在是不可思議。

就這樣，一天又一天，一年又一年，我不停地研究、思考，怎樣面對自己不再困惑執著於「美」這件事，畢竟年少輕狂的日子已過，也不如以往活力無限；

從「凍齡」一直到「回春逆齡」的所有事情，我幾乎全都經歷過。這段過程中，也不停的問自己：「神勇的日子，真的結束了嗎？」在年過半百之後，回首過去的這些歲月，看著鏡子裡那個曾經不斷思考、精進、求生存的我，明明自認意志力無比堅強；難道此時此刻，必須認老認輸地問：「我還有路可走嗎？」

就這樣，我一直期許自己可以更好、更進步，無論發生什麼事，都可以再努力。在過了六十歲之後，幾乎身邊所有年紀相當的朋友都放棄了，不再為恢復年輕做任何努力了，若我還是保持這樣的態度，是否跟自己有點過不去呢？

就這麼走著、走著，直到今日，我終於走出了一番滋味，似乎明白了些事情。我覺得自在了，輕鬆了，懂了，舒服了。我終於想到，可以好好的跟自己說些什麼，也可以跟大家分享些什麼。這本書裡包含了我的經驗談，我的各種心得，也算是身為一個女人能做的天職與貢獻。這些心得跟收穫並不偉大，但能承傳的是一種幸福，能分享的是一種福氣，也給自己鼓勵與支持。把這些想法寫下來，有機會跟志同道合者更進一步討論，讓生活添加了許多色彩。

生命到另一個境界，又有不同的方向可以學習，這讓我非常的開心。同時也發現，我堅持至今的所有體會，竟然是這麼地讓自己感到心滿意足。

這本書，獻給所有志同道合的夥伴們，特別是「活著，只為了美」的生活藝術家們。

與你同度這一段豐富又刺激的歷程，享受充滿各種色彩與酸甜苦辣的全新思維

——「永齡」、「長春」。

今天，你幾歲？永齡長春

讀者回函卡

對我們的建議：

郵票請帖於此，
謝謝！

台北郵局第118-322號信箱
P.O. BOX 118-322 Taipei
Taipei City 10599 Taiwan(R.O.C)

創意出版社　收

封 口

今天，你幾歲？永齡長春

讀者回函卡

謝謝您購買我們出版的書籍，請您抽空填寫這張讀者回函，並延虛線剪下、對摺黏好之後寄回，我們很重視您的寶貴意見，謝謝！

@基本資料

◎姓名：＿＿＿＿＿＿＿＿＿＿

◎性別：□男　□女

◎生日：西元＿＿＿＿＿年＿＿＿＿月＿＿＿＿日

◎地址：＿＿＿＿＿＿＿＿＿＿＿＿＿＿＿＿＿＿＿＿

◎電話：＿＿＿＿＿＿　E-mail：＿＿＿＿＿＿＿＿＿＿＿＿

◎學歷：□小學　□國中　□高中　□大專　□研究所（含以上）

◎職業：

□學生　□軍公教　□服務業　□金融業　□製造業

□資訊業　□傳播業　□農漁牧　□自由業　□家管

□其他＿＿＿＿＿＿＿＿＿＿＿＿＿＿＿＿

◎您從何種方式得知本書？

□書店　□網路　□報紙　□雜誌　□廣播　□電視　□親友推薦

□其他

◎您喜歡閱讀哪些類別的書籍？

□商業財經　□自然科學　□歷史　□法律　□文學　□休閒旅遊

□小說　□人物傳記　□生活勵志　□其他

◎您對本書的意見：

內容：□滿意　□尚可　□應改進

編排：□滿意　□尚可　□應改進

文字：□滿意　□尚可　□應改進

封面：□滿意　□尚可　□應改進

印刷：□滿意　□尚可　□應改進

國家圖書館出版品預行編目(CIP)資料

今天，你幾歲？永齡長春/ 陳海倫作. -- 初版. -- 臺北市 : 創意, 2023.07
面； 公分. -- (創意系列 ; 30)
ISBN 978-986-89796-8-0(平裝)

1.CST: 自我實現 2.CST: 生活指導 3.CST: 健康法

177.2 12008761

創意系列｜30

今天，你幾歲？ 永齡長春

作者｜陳海倫
責任編輯｜劉孝麒
美術編輯｜TW 工作室

出版｜創意出版社
發行人｜謝明勳
郵政信箱｜台北郵局第 118-322 號信箱
P.O. BOX 118-322 Taipei
Taipei City 10599 Taiwan(R.O.C)

電話｜(02)8712-2800
傳真｜(02)8712-2808
E-mail｜creativecreation@yahoo.com.tw
印刷｜世和印製企業有限公司

定價｜380 元
2023 年 7 月初版

first-creativecreation.blogspot.com

創意有心，讀者開心

陳顧問的facebook
www.facebook.com/consultanthellenchen